INTRODUÇÃO AO EMPREENDEDORISMO
DESENVOLVENDO HABILIDADES PARA FAZER ACONTECER

O GEN | Grupo Editorial Nacional – maior plataforma editorial brasileira no segmento científico, técnico e profissional – publica conteúdos nas áreas de ciências sociais aplicadas, exatas, humanas, jurídicas e da saúde, além de prover serviços direcionados à educação continuada e à preparação para concursos.

As editoras que integram o GEN, das mais respeitadas no mercado editorial, construíram catálogos inigualáveis, com obras decisivas para a formação acadêmica e o aperfeiçoamento de várias gerações de profissionais e estudantes, tendo se tornado sinônimo de qualidade e seriedade.

A missão do GEN e dos núcleos de conteúdo que o compõem é prover a melhor informação científica e distribuí-la de maneira flexível e conveniente, a preços justos, gerando benefícios e servindo a autores, docentes, livreiros, funcionários, colaboradores e acionistas.

Nosso comportamento ético incondicional e nossa responsabilidade social e ambiental são reforçados pela natureza educacional de nossa atividade e dão sustentabilidade ao crescimento contínuo e à rentabilidade do grupo.

JOSÉ DORNELAS

Autor do *best-seller* **Empreendedorismo**

INTRODUÇÃO AO EMPREENDEDORISMO
DESENVOLVENDO HABILIDADES PARA FAZER ACONTECER

2ª EDIÇÃO

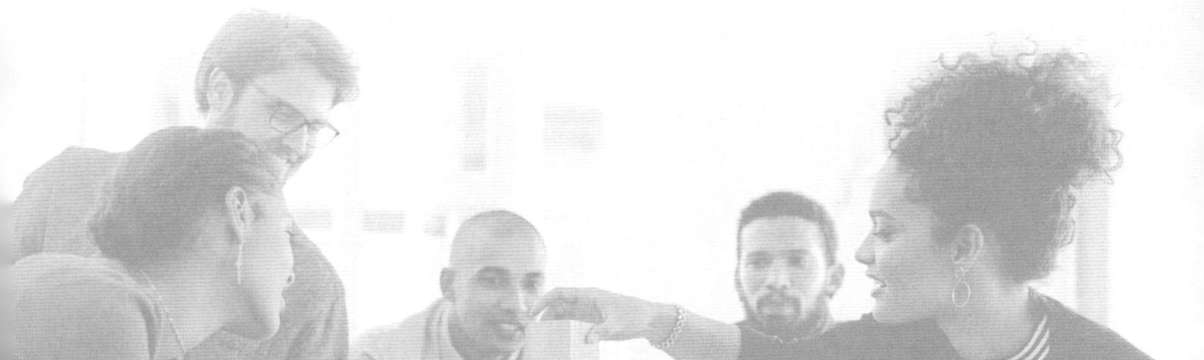

Uma abordagem inovadora utilizando **JOGOS** e **DESAFIOS PRÁTICOS**

- O autor deste livro e a editora empenharam seus melhores esforços para assegurar que as informações e os procedimentos apresentados no texto estejam em acordo com os padrões aceitos à época da publicação, *e todos os dados foram atualizados pelo autor até a data da entrega dos originais à editora.* Entretanto, tendo em conta a evolução das ciências, as atualizações legislativas, as mudanças regulamentares governamentais e o constante fluxo de novas informações sobre os temas que constam do livro, recomendamos enfaticamente que os leitores consultem sempre outras fontes fidedignas, de modo a se certificarem de que as informações contidas no texto estão corretas e de que não houve alterações nas recomendações ou na legislação regulamentadora.

- Data do fechamento do livro: 05/01/2023

- O autor e a editora se empenharam para citar adequadamente e dar o devido crédito a todos os detentores de direitos autorais de qualquer material utilizado neste livro, dispondo-se a possíveis acertos posteriores caso, inadvertida e involuntariamente, a identificação de algum deles tenha sido omitida.

- **Atendimento ao cliente: (11) 5080-0751 | faleconosco@grupogen.com.br**

- Direitos exclusivos para a língua portuguesa
  Copyright © 2023 *by*
  Editora Atlas Ltda.
  Uma editora integrante do GEN | Grupo Editorial Nacional
  Travessa do Ouvidor, 11
  Rio de Janeiro – RJ – 20040-040
  www.grupogen.com.br

- Reservados todos os direitos. É proibida a duplicação ou reprodução deste volume, no todo ou em parte, em quaisquer formas ou por quaisquer meios (eletrônico, mecânico, gravação, fotocópia, distribuição pela Internet ou outros), sem permissão, por escrito, da Editora Atlas Ltda.

- Capa: Manu | OFÁ Design

- Editoração eletrônica: Carla Lemos

- A 1ª edição desta obra foi publicada pela Editora Empreende.

**CIP – BRASIL. CATALOGAÇÃO NA FONTE.
SINDICATO NACIONAL DOS EDITORES DE LIVROS, RJ.**

D757

Dornelas, José

Introdução ao empreendedorismo : desenvolvendo habilidades para fazer acontecer / José Dornelas. - 2. ed. - Barueri [SP] : Atlas, 2023.

ISBN 978-65-5977-446-3

1. Empreendedorismo. 2. Sucesso nos negócios. I. Título.

22-81597 CDU: 658.421
          CDD: 005.342

Meri Gleice Rodrigues de Souza – Bibliotecária – CRB-7/6439

APRESENTAÇÃO

Neste livro, o empreendedorismo é apresentado de maneira abrangente, como o tema tem sido tratado no mundo contemporâneo, além do enfoque tradicional voltado à criação de novos negócios.

A partir dessa premissa, *Introdução ao Empreendedorismo* inova ao propor que o primeiro contato com o tema pelos estudantes, ou demais públicos interessados no assunto, ocorra de maneira livre e com o objetivo de desenvolvimento de suas habilidades empreendedoras.

Assim, o livro propõe um conjunto de atividades e jogos que possibilitam a prática do empreendedorismo e o desenvolvimento de habilidades empreendedoras por quaisquer pessoas interessadas.

Quando utilizado como livro-texto, o material aqui apresentado adequa-se perfeitamente a uma disciplina introdutória ao tema "empreendedorismo" em cursos universitários, tecnológicos, técnicos ou profissionais.

As atividades apresentadas privilegiam a prática e o aprender fazendo. Ao participar dos vários jogos e desafios, o estudante desenvolve diversas habilidades empreendedoras e identifica-se com aquelas que considera mais adequadas ao seu próprio perfil.

Dessa forma, o conceito de perfil empreendedor é entendido e assimilado, e a ideia de um perfil único ou ideal de empreendedor é naturalmente preterida. A ideia que alicerça esta publicação é a do empoderamento a partir da vivência prática.

Além disso, o material é de fácil aplicação e os professores ou instrutores não precisam ter conhecimento prévio sobre o tema ou de assuntos relacionados à criação e à gestão de novos negócios.

Todas essas características tornam esta publicação um texto indispensável para aqueles interessados em ter o primeiro contato com o empreendedorismo, preenchendo uma lacuna até então existente nas publicações voltadas ao tema, focadas prioritariamente em ferramentas de planejamento de negócios.

Ao conhecer as várias atividades e aceitar os desafios aqui propostos, o participante terá a oportunidade de entender o que é empreender e de conhecer e desenvolver suas próprias habilidades empreendedoras, preparando-se para os seus desafios profissionais, independentemente da carreira escolhida.

No Capítulo 1, o conceito de empreendedorismo é apresentado de maneira abrangente, não apenas relacionado à criação de novos negócios. As motivações que levam as pessoas a empreender também são discutidas e os vários tipos de empreendedores são apresentados.

No Capítulo 2, a definição de dez diferentes habilidades empreendedoras, também chamadas de poderes, é apresentada, e nela as várias atividades lúdicas propostas no livro são baseadas.

O Capítulo 3 é um dos mais lúdicos do livro e apresenta diversas oficinas ou jogos para o desenvolvimento das habilidades empreendedoras definidas anteriormente.

No Capítulo 4, missões reais para serem solucionadas fora do ambiente de sala de aula são propostas como o grande desafio aos participantes. Essas missões servem para ratificar ou enfatizar a necessidade de praticar ainda mais as habilidades empreendedoras identificadas.

O Capítulo 5 apresenta as peculiaridades do empreendedor do negócio próprio.

O Capítulo 6 é voltado à vivência do empreendedorismo do negócio próprio, em que a simulação do planejamento e a execução de um negócio real são propostas para consolidar todo o conhecimento apresentado ao longo do livro.

O Capítulo 7 é destinado ao Plano Empreendedor Pessoal (PEP), uma ferramenta extremamente útil àqueles interessados em se preparar para a sua futura jornada empreendedora, independentemente de a escolha ser ou não o negócio próprio.

O Capítulo 8 apresenta um texto final para incentivar todo interessado em empreendimento a não desistir de seu sonho.

SUMÁRIO

1. **Diferentes maneiras de empreender** 1
   - 1.1 Empreender não é sinônimo de criar empresa 1
   - 1.2 Fatores que motivam o empreendedorismo por necessidade 4
   - 1.3 Fatores que motivam o empreendedorismo por oportunidade 6
   - 1.4 Tipos de empreendedores 13

2. **Conhecendo as habilidades empreendedoras** 21
   - 2.1 Perfil empreendedor 21
   - 2.2 Poderes empreendedores definidos pelo Instituto Fazendo Acontecer 24
   - 2.3 Conhecendo cada poder empreendedor 25

3. **Praticando habilidades empreendedoras** 35
   - 3.1 Oficinas lúdicas e *gamificadas* de empreendedorismo ... 35
   - 3.2 Como as oficinas acontecem 37

3.3 Dicas importantes para planejar a execução de cada oficina..................38

3.4 Passo a passo para executar uma oficina 38

4. Missões para quem faz acontecer..................51

5. Como pensa e age o empreendedor do negócio próprio 63

5.1 Verdades sobre o empreendedor 63

5.2 O processo de empreender o negócio próprio 68

5.3 Processo *versus* Método 70

5.4 O que vem depois da ideia de negócio definida 77

6. Vivenciando o empreendedorismo 83

6.1 Passo 1: seleção das melhores ideias 85

6.2 Passo 2: planejamento da ideia selecionada 87

6.3 Passo 3: angariar recursos 95

6.4 Passo 4: execução 97

6.5 Passo 5: Compilar resultados 98

6.6 Passo 6: apresentação dos resultados 99

6.7 Observações finais relevantes e limitações da atividade 104

7. Plano Empreendedor Pessoal 107

7.1 Sonhar é importante 109

7.2 Conheça as suas competências empreendedoras e gerenciais 116

7.3 Criando métricas para tornar o sonho possível 121

8. Empreender também é para você 129

1

DIFERENTES MANEIRAS DE EMPREENDER

1.1 EMPREENDER NÃO É SINÔNIMO DE CRIAR EMPRESA

Empreender não se resume à criação do negócio próprio, porém a maneira mais conhecida de se tornar um empreendedor é criando uma empresa. Por outro lado, com a disseminação do conceito de empreendedorismo na sociedade, o comportamento empreendedor passou a ser observado com mais atenção em ambientes nos quais antes não se pensava haver empreendedores.

Um ator, ao encenar uma peça, pode agir como empreendedor. Na verdade, ele pode agir como empreendedor desde a concepção da peça, no seu planejamento, na preparação para o papel, na execução (atuação) e na entrega do produto ao cliente final (proporcionar felicidade, alegria, satisfação, relaxamento, prazer etc. aos espectadores).

Um funcionário público pode ser um empreendedor ao propor maneiras de otimizar os recursos disponíveis para que o serviço prestado à população seja de excelência, com o menor investimento possível, e trabalhar para que sua proposta seja implementada.

Uma artista plástica, ao buscar realizar seu sonho de criar e compartilhar o que criou com outras pessoas, empreende e ainda pode fazer dinheiro com sua atividade, vendendo suas criações a um público-alvo seleto, disposto a pagar pela obra.

Pessoas insatisfeitas ou inconformadas com os problemas de sua comunidade (por exemplo, a precária educação formal das crianças em um bairro de periferia de uma grande cidade) podem se unir, estabelecer planos de ação, divulgar suas ideias à comunidade, angariar apoio e recursos e colocar em prática ações paralelas àquelas desenvolvidas pelo poder público. Nasce, assim, uma organização não governamental, empreendida por pessoas que querem mudar, que não aceitam que os problemas não sejam resolvidos, ou seja, que querem empreender algo novo e diferente.

Funcionários de grandes e médias empresas são cada vez mais solicitados a contribuir com ideias para fazer a empresa crescer. Alguns vão além, colocam as ideias em prática, trazendo resultados às suas empregadoras. Eles são os empreendedores corporativos, responsáveis por inovar em empresas estabelecidas.

Mais recentemente, o crescimento do mercado de franquias no Brasil tem motivado muitos brasileiros a aderir ao movimento, tornando-se um franqueado, ou seja, alguém que monta um negócio a partir de um modelo de negócio já comprovado e que aceita pagar uma parcela dos resultados ao franqueador. Com isso, o franqueado assume um risco calculado e está disposto a dividir os resultados do negócio com um parceiro, ou quase sócio, da empreitada.

Há ainda pessoas com conhecimento tácito (aquele que o indivíduo adquire ao longo da vida, fruto de sua experiência prática), mas pouco conhecimento explícito (o formal, que pode ser registrado e facilmente comunicado), que, por necessidade, começam a empreender, buscando o sustento para si e sua família. Alguns podem ainda se reunir em associações e cooperativas para melhor estruturar suas atividades, proporcionar ganho de escala e pensar em crescer e desenvolver o negócio colaborativo. A partir desse momento, a cooperativa ou associação pode passar a ser representada por empreendedores de oportunidade, e não mais por um conjunto de indivíduos que se enquadrava no empreendedorismo de necessidade.

Exemplo claro de migração possível do empreendedorismo de necessidade para oportunidade ocorre com o empreendedor informal, muitas vezes solitário, que sempre atuou dessa forma por falta de condições ou circunstâncias que o fizeram agir para cumprir apenas o objetivo básico da subsistência. A possibilidade da formalização, tornando-se um Empreendedor Individual, não apenas muda a denominação ou legaliza a atividade desse empreendedor. A formalização vai além, pois pode trazer nova perspectiva e influenciar sua motivação para empreender. A partir daí, muitos podem migrar para o empreendedorismo de oportunidade, apesar de alguns, mesmo com a formalização, ainda permanecerem como empreendedores de necessidade. A principal mudança não se faz apenas pela legalização, mas principalmente pela maneira como o empreendedor vê sua atividade e vislumbra seu futuro. Seu comportamento e a vontade de fazer acontecer são a força-motriz que o fará migrar para o grupo dos empreendedores de oportunidade.

Portanto, há diferentes maneiras de empreender, e os exemplos apresentados não esgotam as possibilidades. Qual maneira é a mais ou menos adequada para determinada pessoa não vem ao caso, pois essa análise não é simples ou pode ser considerada praticamente impossível de ser feita com precisão. Porém, o mais provável de se identificar é a motivação que leva uma pessoa a empreender.

Como empreender está ligado à ação, a pessoa deve atentar para os eventos que ocorrem em seu ambiente e que, em muitos casos, acabam por apresentar o empreendedorismo como um caminho óbvio para seu futuro. Esses eventos podem ser exemplificados como momentos de disparo da fagulha empreendedora ou situações de mudança de atitude em virtude de acontecimentos ou marcos importantes ao longo de sua vida.

Pode haver ainda um conjunto de fatores, e não apenas um, que defina o momento de empreender. Alguns fatores são claros, facilmente definidos, outros nem tanto. Há pessoas consideradas empreendedoras pela sociedade que conseguem facilmente responder qual foi o momento de disparo ou quando a fagulha do empreendedorismo as atingiu; outras não se lembram de um momento específico.

1.2 FATORES QUE MOTIVAM O EMPREENDEDORISMO POR NECESSIDADE

No caso dos empreendedores de necessidade, há fatores e circunstâncias comuns que levam a pessoa a essa situação. Alguns deles são apresentados a seguir, mas cabe ressaltar que esses exemplos não esgotam todas as possibilidades.

- **Falta de acesso a oportunidades de trabalho formal como empregado**
  De fato, a falta de acesso ao emprego formal leva muitas pessoas a buscar alternativas para suprir suas necessidades de recursos mínimos para sobrevivência. O mais comum é que pessoas carentes de conhecimento explícito se enquadrem nessa categoria. A falta de educação formal, de preparo, conhecimento técnico ou de alguma habilidade que demande capacitação prévia elimina as possibilidades de acesso a oportunidades de emprego e, com isso, surgem os empreendedores de necessidade. Em países nos

quais o desemprego é alto e o desenvolvimento econômico não ocorre em ritmo aceitável, é comum a presença desse tipo de empreendedor.

- **Necessidade de recursos financeiros mínimos para arcar com as demandas da sobrevivência**

O trabalho informal se torna rotina, e qualquer atividade que traga o mínimo de recursos para prover alimentação, quando muito, a si e à família, acaba por se constituir o dia a dia do empreendedor de necessidade.

- **Carência de conhecimento explícito**

Pessoas que não tiveram acesso à educação formal de qualidade ou não conseguiram evoluir no ensino formal quando crianças e adolescentes têm menos condições de empreender por oportunidade. Naturalmente, há empreendedores bem-sucedidos que conquistaram o sucesso a partir do conhecimento tácito que possuem e da habilidade de persuasão, vendas e intuição, por exemplo. Porém, são exceção à regra. Normalmente, os empreendedores mais bem-sucedidos são aqueles que tiveram chance de obter e desenvolver seu conhecimento tácito e explícito ao longo da vida.

- **Demissão e desemprego**

Muitas vezes, uma demissão inesperada faz com que a pessoa deixe de acreditar em si. O desemprego pode trazer ainda a perda da autoconfiança e, caso se prolongue por muito tempo, a pessoa começa a questionar os valores nos quais acreditava e, em situações limítrofes, entra em um círculo vicioso que tem como consequências maiores a depressão e/ou doenças decorrentes da sensação de rejeição pela sociedade. Muitos desistem de seu projeto de vida. Nesses casos, tornar-se um empreendedor de necessidade pode ser inevitável. Porém, por outro lado, pode ser visto como o primeiro passo para, posteriormente, migrar para o mundo do empreendedorismo de oportunidade. Entretanto, não é fácil e, infelizmente, muitos não conseguem.

1.3 FATORES QUE MOTIVAM O EMPREENDEDORISMO POR OPORTUNIDADE

A demissão pode ter outro significado e acaba por ser uma causa tanto do empreendedorismo de necessidade quanto de oportunidade. Em muitos casos, pessoas descontentes com o trabalho como empregados recebem uma demissão como um impulso necessário para se dedicar a um novo projeto de vida: a criação de uma empresa. Os empreendedores de oportunidade são motivados ainda por outros fatores. Alguns dos mais comuns são listados a seguir, mas, como já ressaltado no caso do empreendedor de necessidade, aqui também os exemplos apresentados não são os únicos possíveis.

- **Decisão deliberada e/ou planejada**

  Muitas pessoas decidem empreender com preparo, planejamento prévio e até definem quando o negócio será criado. Não se trata da maioria, mas de um grupo composto principalmente daqueles que decidiram trabalhar como funcionário em grandes empresas por um período, adquirindo experiência e acumulando certa reserva financeira até a tomada de decisão de iniciar o negócio próprio. Para alguns, o momento da decisão pode ocorrer logo após a formatura na faculdade e em momentos importantes da vida adulta: aos 30, 40, 50 anos ou mais. A decisão deliberada e/ou planejada é acompanhada de uma meta predefinida de quando o negócio será criado e o que se pretende atingir com a empresa.

- **Ideia, descoberta, inovação**

  Cientistas geralmente são relacionados com as descobertas, mas muitos empreendedores inovadores não são necessariamente os pesquisadores que descobriram maneiras geniais de resolver os problemas da sociedade. É claro que há empreendedores cientistas e pesquisadores brilhantes que empreendem a partir de suas descobertas. Porém, grande parte dos empreendedores que criam uma empresa a partir de uma ideia o faz pela observação dos problemas do cotidiano das pessoas e, em muitos casos, para resolver problemas pessoais. Ao criar produtos que solucionam tais problemas, trilha-se o caminho para a concepção de uma empresa baseada em inovação.

Convite

Há pessoas que empreendem porque foram convidadas para um projeto diferente. Nem sempre o empreendedor inicial, aquele da ideia original para o negócio, é o único necessário para fazer a empresa se desenvolver. Esse empreendedor sabe que precisará de mais pessoas competentes ao seu lado para fazer acontecer. Por isso, convida sócios que complementam suas habilidades. Esses sócios também são empreendedores, só não foram os primeiros a ter a ideia do negócio. Não é raro que os empreendedores convidados passem a liderar o desenvolvimento da empresa cuja ideia não tenha partido deles.

Busca sistemática (querer ganhar dinheiro e se realizar financeiramente)

Se você questionar os empreendedores sobre o que os levou a criar a empresa, poucos reconhecerão que o objetivo era ganhar dinheiro ou ficar rico. No entanto, ganhar dinheiro e obter a realização financeira faz parte dos objetivos dos empreendedores do negócio próprio. Mesmo sendo poucos os empreendedores que falam abertamente de ganhar dinheiro, alguns que pensam em criar uma empresa colocam esse objetivo como prioritário e, por isso, passam a fazer uma busca sistemática de ideias que possam se transformar em grandes oportunidades de negócio.

Desejo de autonomia

Esse talvez seja o desejo número um da maioria daqueles que anseiam empreender. Ser dono do próprio nariz e definir os caminhos a seguir fazem parte do imaginário do brasileiro candidato a empreendedor. Isso ocorre porque, como funcionário, você sempre responderá a alguém, um chefe ou superior. Como empreendedor do seu negócio próprio, em tese, você é quem terá a última palavra e tomará as decisões que definirão os rumos da empresa. Do ponto de vista prático, isso de fato pode ocorrer, mas a autonomia do empreendedor nem sempre é total, principalmente quando há sócios e clientes-chave que não podem (ou não deveriam) ser preteridos ou contrariados.

- **Ganhar um recurso inesperado**

Você provavelmente já ouviu alguém falar que, se ganhasse na loteria, criaria uma empresa. O candidato a empreendedor muitas vezes posterga a decisão de criar a empresa porque considera a necessidade de recursos financeiros uma das premissas mais importantes. Como muitas pessoas não possuem os recursos necessários para criar a empresa que almejam, fatores inesperados, como ganhar na loteria ou receber um bônus especial no final do ano da empresa para a qual trabalha, podem ser o impulso que faltava para colocar a ideia da própria empresa em prática.

- **Receber herança e/ou participar de sucessão de empresa familiar**

Ser herdeiro de uma família com posses ou que já tenha um legado de negócios bem-sucedidos é um caminho para se empreender. A sucessão familiar nos negócios hoje em dia não se baseia apenas nos laços familiares, e, muitas vezes, há executivos de mercado, sem vínculos com a família dona da empresa, à frente dos negócios criados há décadas pelos empreendedores pioneiros que iniciaram a geração da fortuna ou herança. Os familiares mais jovens que pensam em empreender têm a oportunidade de seguir à frente dos negócios da família ou, como não tem sido incomum ultimamente, podem utilizar parte dos recursos herdados para iniciar sua própria empresa, não necessariamente relacionada com os negócios atuais da família.

- **Projeto da pós-carreira (após a aposentadoria)**

Parece contraditório, já que aposentadoria significa deixar de trabalhar e viver dos rendimentos que o trabalho pregresso lhe possibilitou ou das economias poupadas ao longo da vida. Porém, para muitos empreendedores da pós-carreira, a aposentadoria é mais um ritual de passagem do mundo da carteira assinada como funcionário para uma nova fase da vida profissional, na qual o negócio próprio se torna o projeto a ser realizado. A pós-carreira pode ocorrer de várias maneiras, inclusive pela abertura de uma franquia.

- **Missão de vida (querer deixar um legado)**

Há pessoas que têm bem claro para si, e às vezes cedo na vida, que estão no mundo para cumprir uma missão. Muitas acreditam ainda que essa missão será cumprida por meio do negócio próprio e do empreendedorismo. Ao empreender o negócio próprio, sua iniciativa gera empregos, paga impostos e transforma em riqueza suas ideias e projetos. Há geração de valor para a sociedade, e, ainda, em grande parte dos casos, deixa-se um legado que inspirará as futuras gerações.

Todos os fatores apresentados que motivam as pessoas a empreender por oportunidade podem levar o empreendedor não apenas à criação do negócio próprio. Na verdade, há inúmeras maneiras de empreender por oportunidade. Na Figura 1.1, há uma representação esquemática que sintetiza as principais motivações que levam as pessoas a empreender e as várias possibilidades de se empreender por necessidade e por oportunidade.

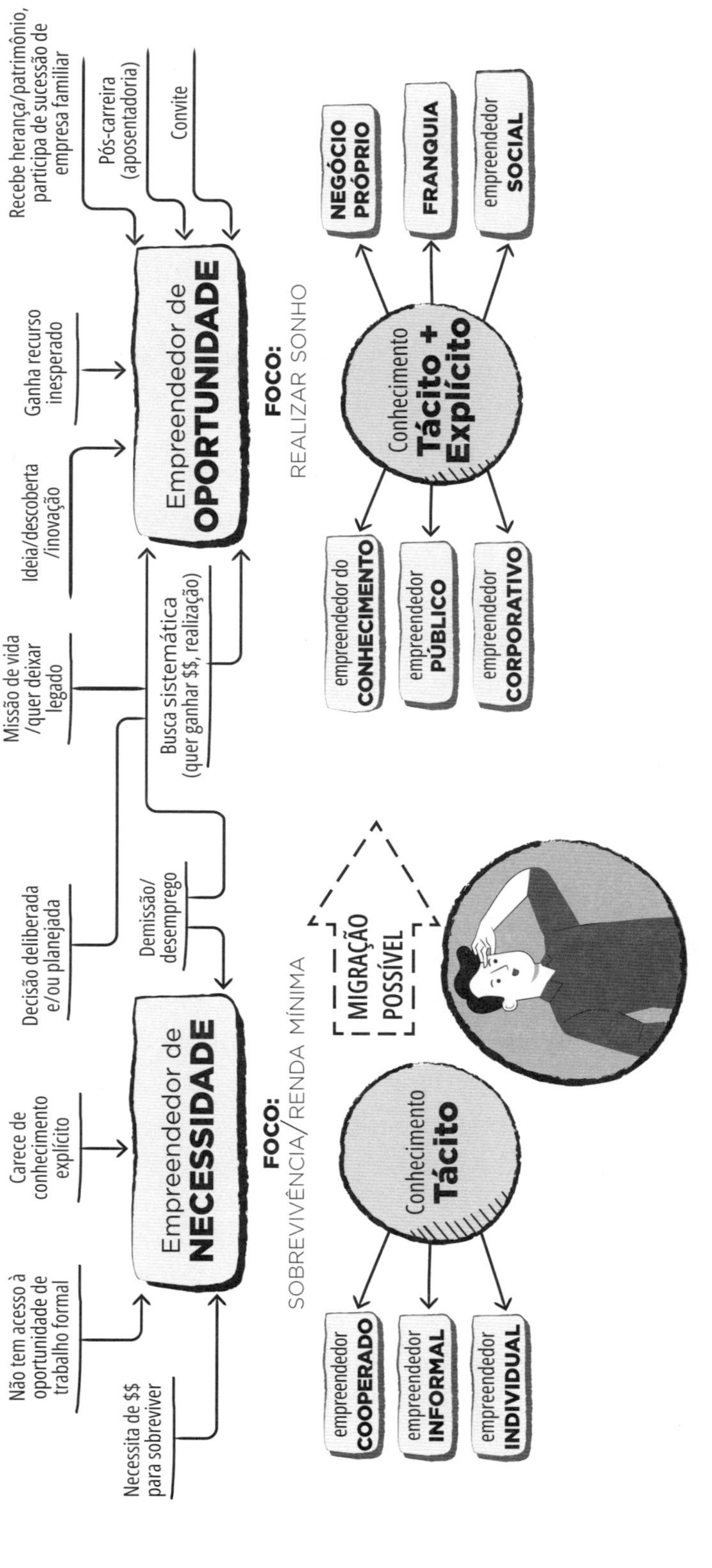

Figura 1.1 Diferentes maneiras de empreender.

Já a Figura 1.2 apresenta alguns exemplos de caminhos possíveis ao empreendedor, ou seja, empreender não é algo estático, e a mesma pessoa pode fazê-lo de várias maneiras em momentos distintos ao longo da vida. Por exemplo: (1) um empreendedor informal pode tornar-se empreendedor individual, depois cooperado e, a partir da experiência que adquiriu, decidir alçar novo voo solo em outro tipo de negócio; (2) um empreendedor do negócio próprio pode negociar a venda de sua empresa para uma companhia de maior porte e se tornar um executivo (empreendedor corporativo) da empresa compradora (note que isso é comum, e geralmente o empreendedor aceita tal proposta devido a um ganho considerável de recurso financeiro ao vender sua empresa); (3) um franqueado identifica um novo nicho de mercado e, com sua experiência no setor de franquias, passa a ser franqueador de uma nova marca/negócio (é o negócio próprio, com mais autonomia que aquele do qual se é apenas franqueado); (4) um empreendedor público decide criar, logo após sua aposentadoria, uma organização sem fins lucrativos para continuar a ajudar as pessoas; (5) um atleta de alta performance decide criar o negócio próprio quando deixar de se dedicar à vida de esportista.

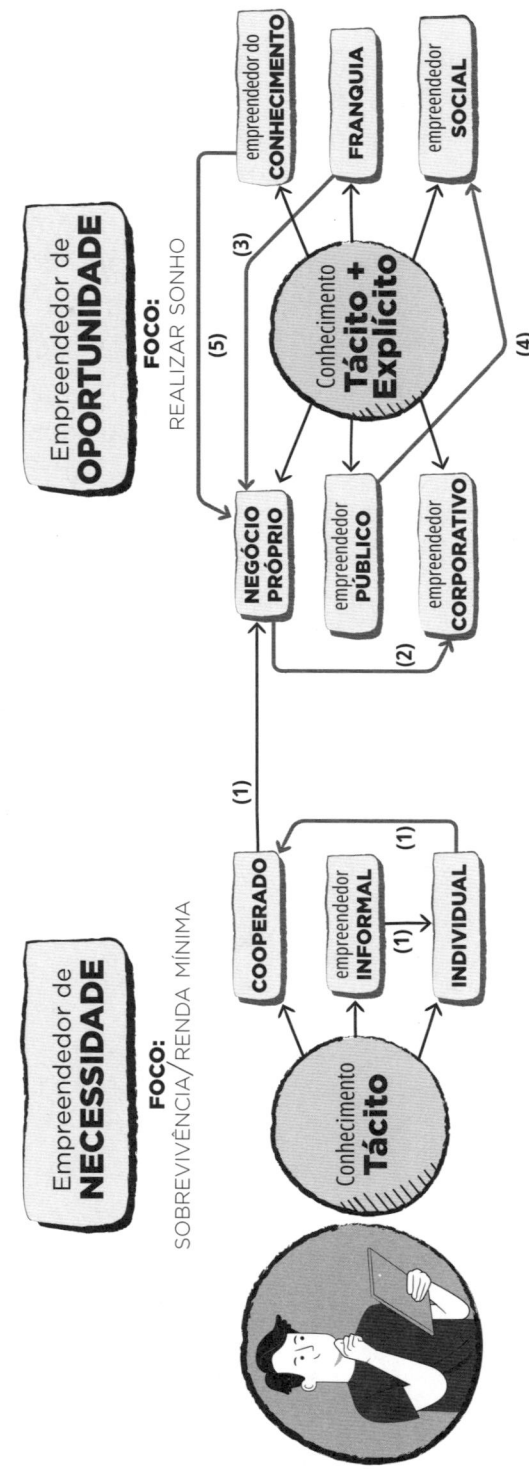

Figura 1.2 Caminhos possíveis ao empreendedor.

1.4 TIPOS DE EMPREENDEDORES

Os vários tipos de empreendedores apresentados na Figura 1.1 são os mais comuns, mas, como o tema empreendedorismo está em franca expansão e disseminação, é provável que, com o passar dos anos, novas denominações surjam. Na sequência, são apresentados alguns exemplos e considerações para cada denominação de empreendedor.

- **Empreendedor informal**

  Há vários exemplos que se enquadram nessa categoria, como pessoas que vendem mercadorias nas esquinas das ruas, em barracas improvisadas, nos semáforos etc.; vendedores ambulantes; autônomos que prestam serviços diversos.

- **Empreendedor cooperado**

  São exemplos de empreendedor cooperado os artesãos que se unem em uma cooperativa; os catadores de lixo reciclável que criam uma associação para poder ganhar escala e negociar a venda do que produzem/reciclam com empresas; é o indivíduo que empreende seu pequeno negócio/propriedade rural e que se associa a demais empreendedores do mesmo ramo para, em conjunto, suprir a demanda de um laticínio.

- **Empreendedor individual**

  É o antigo empreendedor informal que, agora legalizado, começa a ter uma empresa de fato, contrata um funcionário, pode crescer e, quem sabe, deixará de ser um empreendedor individual para se tornar dono de um negócio maior.

- **Franqueado**

  O franqueado é aquele que inicia uma empresa a partir de uma marca já desenvolvida por um franqueador; sua atuação é local/

regional, e alguns dos setores que mais se destacam são alimentação, vestuário e educação/treinamento. O franqueador é um empreendedor visionário que vê no modelo de negócio de franquias uma forma de ganhar escala e tornar sua marca conhecida rapidamente.

⊙ Empreendedor social

Essa categoria compreende pessoas que querem ajudar o próximo e criam ou se envolvem com uma organização sem fins lucrativos para cumprir determinado objetivo social: educação a quem não tem acesso, melhoria na qualidade de vida das pessoas, desenvolvimento de projetos sustentáveis, arte, cultura etc. O típico empreendedor social não aufere lucro com a iniciativa, mas pode ser remunerado como funcionário ou associado. Mais recentemente, surgiu um modelo intermediário, conhecido como setor dois e meio, no qual o empreendedor social busca cumprir seu objetivo de mudar e melhorar a sociedade na qual vive e ainda consegue auferir lucro com a iniciativa.

⊙ Empreendedor corporativo

Esse tipo de empreendedor é representado pelos funcionários conscientes de seu papel na organização para a qual trabalham e que trazem ideias e executam projetos que visem ao crescimento da empresa no longo prazo; pessoas que inovam na empresa estabelecida, em todos os níveis hierárquicos.

⊙ Empreendedor público

Nessa categoria estão as pessoas comprometidas com o coletivo, que não se deixam cair na monotonia por ter estabilidade no emprego; pelo contrário, querem melhorar os serviços à população e propõem maneiras de utilizar os recursos públicos com mais eficiência. Apesar do rótulo totalmente oposto ao empreendedorismo, comumente atribuído aos funcionários públicos, na verdade, há muitos empreendedores públicos que fazem a diferença e trabalham por um país mais justo e igualitário. Não se pode confundir esse empreendedor com os políticos que utilizam o conceito do empreendedorismo para autopromoção.

- **Empreendedor do conhecimento**

Há inúmeros exemplos que se enquadram nessa categoria, como um atleta que se prepara com dedicação, planeja a melhor estratégia para otimizar seu desempenho e executa com perfeição o que planejou, realizando seu sonho em uma olimpíada; o advogado, dentista, médico, enfim, o profissional liberal que quer fazer a diferença; o maestro que rege a orquestra com perfeição e entusiasma a plateia com o resultado obtido; o escritor que estimula as pessoas a sonhar e a viver o papel do protagonista da história.

- **Negócio próprio**

O típico dono do negócio próprio é o indivíduo que busca autonomia, que deseja ser patrão e cria uma empresa estilo de vida, sem maiores pretensões de crescimento, para manter um padrão de vida aceitável, que lhe atribua o *status* de pertencer à classe média; o problema é que o negócio estilo de vida é de alto risco, já que há muitos concorrentes fazendo o mesmo que você e tentando conquistar os mesmos clientes; o empreendedor do negócio próprio que pensa grande também arrisca, mas pode construir algo duradouro e que eventualmente muda o mundo, ou pelo menos sua região, sua cidade, sua comunidade; o dono do negócio próprio que cria uma empresa pensando em crescer pode inclusive ser um franqueador, permitindo que outros empreendedores utilizem sua marca e modelo de negócio em outras localidades; com isso, todos ganham.

TIPO DE EMPREENDEDOR	INFORMAL	COOPERADO	INDIVIDUAL	FRANQUEADO
Ganhar $$	Precisa para sobreviver e almeja ganhar.	Precisa para seu sustento e almeja ganhar.	Precisa para seu sustento e almeja ganhar.	Vislumbra uma renda média mensal de acordo com o estimado pelo franqueador.
Nível de autonomia	ALTO, mas sem garantia de resultado.	MÉDIO, suas atividades devem estar em consonância com as dos demais cooperados.	ALTO, pois decide sozinho os rumos do negócio.	MÉDIO, pois precisa sempre seguir as regras do franqueador.
Nível de risco	BAIXO, já está em situação limítrofe.	BAIXO, a cooperativa ajuda a manter uma renda média devido ao esforço coletivo.	BAIXO, tem pouco a perder.	BAIXO, se a franquia for conceituada; MÉDIO ou ALTO se a franquia ainda não tiver resultados expressivos.
Dedicação ao trabalho	PARCIAL, trabalha o suficiente para garantir o sustento do dia.	PARCIAL, trabalha o necessário para cumprir as metas de produção.	PARCIAL, trabalha o necessário; ou ALTO, caso sonhe em mudar de patamar.	ALTO; apesar de ser franqueado, precisa gerir uma empresa completa (a exceção são as microfranquias).
Trabalho em equipe	Geralmente envolve a família, mas também pode ser solitário.	É fator-chave de sucesso, pois sozinho não se atingem resultados nesse caso.	Parcial, tem geralmente um funcionário, mas não é solitário.	Importante para conseguir cumprir metas; no caso da microfranquia é menos crítico.
Recursos para a iniciativa	Não possui, usa apenas o conhecimento tácito.	Pouco, geralmente a própria dedicação ao trabalho e pouco capital financeiro.	Pouco, resume-se às suas reservas financeiras ou às da família.	Na maioria dos casos, recursos próprios; há casos de financiamento em bancos ou junto ao franqueador.
Objetivo	Não possui; acredita que, em algum momento, sua "sorte" pode mudar.	Crescer e, um dia, se tornar independente ou continuar na cooperativa em um ambiente protegido.	Crescer e mudar de patamar de empresa ou ficar como está.	Conseguir o retorno do investimento inicial; há os que querem ainda criar outra franquia da mesma marca ou diversificar o setor.

Figura 1.3 Comparação entre os vários tipos de empreendedores.

 SOCIAL	 CORPORATIVO	 PÚBLICO	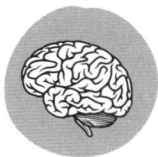 DO CONHECIMENTO	 NEGÓCIO PRÓPRIO
Não é seu objetivo; visa apenas ter um salário ou tem outra fonte de renda.	Faz parte de suas metas, mas o principal é crescer na carreira.	Não é o que o motiva, pois já sabe qual será o seu salário no final do mês.	Almeja ter recursos acima da média de seus pares para arcar com seus desejos de consumo.	É um dos seus objetivos principais, apesar de nem sempre falar sobre o assunto.
MÉDIO, pois dificilmente realiza as ações almejadas sem o envolvimento de outras pessoas/entidades.	PARCIAL, pois depende da empresa e da sua posição hierárquica; nunca será total, pois sempre haverá alguém a quem prestar contas.	BAIXO, pois há muita burocracia a ser vencida.	Depende da atividade, mas, em geral, é ALTO, pois sua habilidade (e ativo principal) é o próprio conhecimento.	ALTO, mas conforme a empresa cresce, precisa delegar e evitar o excesso de controle.
BAIXO, mas pode ser frustrante não conseguir colocar em prática o que almeja.	ALTO, se a cultura corporativa não incentivar o empreendedorismo; MÉDIO, mesmo em empresas empreendedoras.	BAIXO, pois dificilmente projetos ousados são aprovados e implementados sem interferências ou modificações.	BAIXO, mas precisa zelar pela reputação para não denigrir a própria imagem.	ALTO, pois se envolve de corpo e alma à iniciativa, comprometendo geralmente mais do que imaginava para fazer o negócio acontecer.
PARCIAL, caso tenha outras fontes de renda; integral, caso o foco seja o social.	Acima do normal se comparada à de funcionários que não abraçam o empreendedorismo.	Acima do normal, se comparada a outros funcionários públicos não empreendedores.	Acima do normal e muitas vezes confunde o pessoal com o profissional, pois "sua pessoa/imagem" é o produto que está à venda.	Total, muitas vezes confuso e não sabendo separar adequadamente momentos de trabalho, lazer e a vida pessoal e familiar.
Primordial para o sucesso da iniciativa.	Fundamental para colocar suas ideias em prática e cumprir metas.	Essencial e condição básica para conseguir fazer acontecer.	Não é o seu forte, pois há um componente egocêntrico que predomina; esforça-se e sabe que precisa compartilhar para obter resultados.	Rapidamente percebe que, se não tiver uma equipe competente de pessoas que complementem o seu perfil, sua empresa não crescerá.
Próprios, de amigos, família, doações de empresas e governo etc.	Da própria empresa ou externos à empresa.	Públicos, mas de difícil obtenção.	Geralmente, recursos próprios, mas não necessariamente financeiros.	Na maioria dos casos, recursos próprios e/ou da família; há ainda os que conseguem financiamento em bancos ou investimento de risco.
Mudar o mundo e inspirar outras pessoas a fazê-lo.	Crescer na empresa, obter promoção, ganhar bônus e ser reconhecido.	Ajudar as pessoas, realizar-se profissionalmente e provar a si e aos outros que seu papel na sociedade é nobre.	Realização profissional e reconhecimento.	Realização pessoal, autonomia financeira, deixar legado e contribuir para o crescimento e o desenvolvimento econômico do país.

A Figura 1.3 apresenta uma comparação entre os vários tipos de empreendedores, considerando vários atributos comumente relacionados com o empreendedorismo.

O empreendedor do negócio próprio tem sido o objeto dos estudos internacionais de pesquisadores que se dedicam ao tema há várias décadas. Há tanto estudos relacionados com os processos, as técnicas e os métodos de gestão empregados pelos empreendedores quanto os que se dedicam a entender o perfil e as características empreendedoras. A partir da década de 1980, a ênfase em entender o perfil do empreendedor deixou de ser o foco dos pesquisadores internacionais, apesar de ainda despertar a curiosidade de muitos pesquisadores brasileiros que se dedicam ao assunto.

Já os demais tipos de empreendedores começaram a ser discutidos e analisados mais recentemente, tanto em nível internacional quanto nacional, quando o foco da atenção deixou de ser apenas o negócio próprio. Isso porque o comportamento empreendedor pode ser desenvolvido e praticado em várias situações. O empreendedor deve estar atento ao ambiente no qual está inserido para poder praticar suas habilidades empreendedoras e aumentar as suas chances de sucesso, seja qual for sua atividade profissional ou organização à qual pertence.

Praticando

> Diferentes maneiras de empreender

a) Pesquise na internet, em jornais, revistas, livros etc. e identifique pelo menos um exemplo de empreendedor para cada um dos nove tipos listados na Figura 1.3. Para qual dos tipos foi mais difícil encontrar um exemplo? Por quê? Compartilhe seu resultado com os colegas e debata se os exemplos citados podem de fato ser considerados empreendedores nos vários casos. O que você levou em consideração para chegar à conclusão de que um exemplo é ou não empreendedor?

b) Analise a Figura 1.2 e sugira pelo menos três outros caminhos possíveis que podem ocorrer a pessoas que empreendem ao longo da vida. Cite um exemplo de pessoa que percorreu pelo menos um dos caminhos que você sugeriu.

Desafio

> Conhecendo empreendedores (Parte 1)

Seu desafio será, individualmente ou em grupo, identificar pessoas empreendedoras na sua cidade/região, contatá-las e convidá-las para uma palestra em sua instituição (faculdade/universidade etc.), sob supervisão e concordância do professor ou responsável pela disciplina/curso. O ideal é que, além do empreendedor do negócio próprio, sejam convidados pelo menos mais dois outros empreendedores entre os diferentes tipos apresentados neste capítulo. Após a apresentação de cada empreendedor (30 minutos a 1 hora cada), deve-se promover um debate entre os participantes e os palestrantes. O objetivo dessa atividade é conhecer mais a respeito das atitudes que fazem um empreendedor ter sucesso, analisar os prós e os contras de empreender, validar as comparações apresentadas na Figura 1.3 e ouvir conselhos dos convidados àqueles que pretendem empreender um dia.

2
CONHECENDO AS HABILIDADES EMPREENDEDORAS

2.1 PERFIL EMPREENDEDOR

A tentativa de rotular o perfil do empreendedor e definir os traços comuns àqueles que empreendem não é recente. Há décadas os pesquisadores se debruçam sobre dados das mais variadas fontes com o objetivo de identificar o que pensa e como age o empreendedor. Um dos estudos mais conhecidos e disseminados no Brasil pelo SEBRAE é o conjunto de características comportamentais empreendedoras, definidas por David McClelland nas décadas de 1960 e 1970. Nos livros *Empreendedorismo, transformando ideias em negócios* e *Empreendedorismo na prática* (mais informações em www.josedornelas.com.br), também são apresentados estudos e uma relação de características empreendedoras, de maneira a ratificar que o rótulo de empreendedor é um dos mais difíceis de definir, já que a própria definição de empreender, como apresentada no Capítulo 1, permite interpretações subjetivas.

De todo modo, algumas características ou traços empreendedores quase sempre são citados pelos pesquisadores como bastante comuns aos empreendedores. Assumir riscos calculados é um deles e que acaba por contrariar o mito de que os empreendedores são loucos pelo risco. Na verdade, os empreendedores sabem que, se não arriscarem, dificilmente conseguirão grandes resultados. Por isso, buscam definir estratégias para calcular e minimizar o risco, mesmo sabendo que eliminá-lo é tarefa impossível.

Antes de assumir risco, porém, há de se ter iniciativa. Já a curiosidade pode levar à criatividade e à inovação. Para atrair talentos ao seu projeto, o empreendedor precisa ainda persuadir pessoas, convencê-las a aderir ao seu projeto e compartilhar seu sonho. Porém, não basta apenas a habilidade de persuasão se não houver uma liderança para que todos sejam inspirados e concordem em seguir o projeto do empreendedor, o que geralmente se torna mais factível quando ele tem uma visão clara de futuro, mesmo sabendo que mudanças ocorrerão ao longo do caminho.

O fato é que, mesmo identificando as características mais comuns aos empreendedores e definindo uma estratégia pessoal para identificá-las e desenvolvê-las, não há garantias de que você será um empreendedor bem-sucedido. Os fatores externos à atividade empreendedora influenciam tanto quanto as habilidades pessoais do empreendedor e de sua equipe. Porém, sem habilidades empreendedoras bem desenvolvidas, você pode perder oportunidades e não se realizar como empreendedor. Por isso, é válido identificar suas principais competências empreendedoras e traçar uma estratégia para desenvolvê-las. Há vários testes e diagnósticos que podem ser aplicados para esse objetivo, como os apresentados nos livros *Empreendedorismo, transformando ideias em negócios* e *Empreendedorismo na prática*.

O que esses testes buscam identificar são padrões de comportamento e crenças pessoais, para então compará-los aos resultados obtidos quando foram aplicados aos indivíduos considerados empreendedores. Por isso, note que, ao se autoaplicar um teste de perfil empreendedor, você deve levar em consideração que suas crenças, habilidades, conhecimento, experiência, mudam com o passar do tempo e, por isso, um resultado obtido hoje não significa um rótulo que deve ser levado para o resto da vida.

Em resumo, caso você identifique deficiências que precisam ser aperfeiçoadas, considere o teste como um balizador que se propõe a auxiliá-lo na definição de metas de melhoria. Já o contrário também deve ser visto com ressalvas, uma vez que obter pontuações ou resultados máximos em testes pode levar o indivíduo a relaxar e achar que está "pronto" para os desafios e que nada mais precisa aprender. Isso é temerário e pode até soar tolo, mas muitas pessoas acabam por cair nesse tipo de armadilha e vivem por anos sendo consideradas excelentes empreendedoras em potencial, que não colocam em prática toda a sua sabedoria.

A partir dessas ressalvas, cabe apresentar agora um conjunto de habilidades empreendedoras, desenvolvidas e validadas pelo Instituto Fazendo Acontecer (IFA) com milhares de crianças, adolescentes e adultos no Brasil e no exterior, e que invertem a lógica histórica de se buscar rotular um perfil ou um teste para identificar suas principais características empreendedoras.

Ao contrário, a lógica proposta pelo IFA, que tem sido comprovada como bem-sucedida, é apresentar de maneira *gamificada* as principais habilidades de um empreendedor, também definidas como poderes.

Ao participar de atividades práticas (que serão apresentadas no Capítulo 3), você exercita seus poderes empreendedores, identificados de maneira subjetiva por você e por um observador, geralmente o professor ou o instrutor responsável pelo curso.

Porém, ainda assim você pode não estar certo se tais poderes realmente são os mais presentes em você. Aí entra o grande diferencial da metodologia proposta pelo IFA. Para comprovar ou exercitar tais poderes, você deverá resolver desafios ou missões fora da sala de aula ou do ambiente do curso. Esses desafios estão atrelados a cada poder e você terá então a chance de provar a si mesmo se possui determinado poder e como poderá desenvolvê-lo para aprimorar as suas habilidades empreendedoras.

A seguir, são apresentadas as habilidades ou poderes empreendedores definidos pelo IFA e como cada poder se relaciona com as características ou comportamentos empreendedores mais conhecidos e difundidos. Na sequência, cada poder empreendedor é definido e explicado objetivamente. No Capítulo 3, são apresentadas diferentes atividades ou oficinas para você praticar, em grupo, suas habilidades empreendedoras, sob a orientação de um professor ou instrutor. No Capítulo 4, são apresentados os desafios ou missões atreladas a cada poder.

2.2 PODERES EMPREENDEDORES DEFINIDOS PELO INSTITUTO FAZENDO ACONTECER

Bom de papo	Persuasão e habilidade de venda	*Networking*	Otimistas e apaixonados pelo que fazem
Detetive	Curiosidade e busca de recursos	Determinados e dinâmicos	Possuem conhecimento
Inventor	Criatividade e Inovação	Sabem diferenciar ideias de oportunidades	
Joga pro time	Trabalho em equipe	Dedicados	
Líder	Liderança	Formadores de equipes	
Mão na massa	Iniciativa	Assumir riscos	
Plano infalível	Planejamento financeiro × retorno, fluxo de caixa, lucro e prejuízo...	Planejamento tradicional e efectual	Capacidade de realização (sair do mundo do sonho)
Se vira sozinho	Independentes e constroem o próprio destino (autonomia)	Sabem tomar decisões	Organização de recursos
Transformador	Sustentabilidade (reúso e aproveitamento dos recursos sob controle)	Criam valor para a sociedade	
Visionário	Desenvolvimento de visão de mundo	Inconformismo/Desejo de mudar o mundo	Fazem a diferença

2.3 CONHECENDO CADA PODER EMPREENDEDOR

Bom de papo
- Convencer outras pessoas a participarem da sua ideia.
- Conseguir um recurso difícil na base do papo.
- Animar alguém com o seu otimismo.
- Dar um *show* na hora de apresentar o seu resultado.

Assim como os grandes empreendedores, quem possui o poder "bom de papo" tem a habilidade de conversar com os outros e vender as suas ideias. Dessa forma, o bom de papo é capaz de construir toda uma rede de amigos e contatos para ajudá-lo.

Tudo isso só acontece porque o bom de papo gosta do que faz! Isso o mantém animado e determinado, fazendo com que ele cative as pessoas com a sua visão.

Destaques:
- **Vendedor:** é capaz de vender gelo para esquimós.
- **Conhece todo mundo:** sempre conhece alguém que pode ajudá-lo.
- **Vai dar certo:** seu otimismo é capaz de contagiar e animar as pessoas.

Detetive

- Encontrar uma receita, dica ou informação incrível.
- Descobrir um jeito de lidar com um obstáculo.
- Mostrar que conhece um pouco de tudo.
- Aprender algo com alguém.

Sua curiosidade faz com que a pessoa que possui o poder "detetive" entenda os problemas ao seu redor e busque soluções para eles. Nada é capaz de impedi-lo. Como é totalmente determinado, o detive supera os obstáculos.

O detetive quer sempre saber e aprender cada vez mais. Quanto mais aprende, mais as chances de suas ideias darem certo aumentam. Na hora de aprender, vale estudar, buscar na internet, conversar com quem sabe e até meter a mão na massa.

Destaques:

- **Descobre tudo:** se uma informação existe, o detetive é capaz de encontrá-la.
- **Imparável:** o detetive atropela os obstáculos e faz acontecer.
- **Manja tudo:** se o detetive não é especialista, já ouviu falar, e, se não ouviu, vai descobrir.

Inventor

- Ter uma ideia incrivelmente criativa.
- Saber escolher a ideia com mais chance de dar certo.
- Ajudar os outros com boas ideias.

O "inventor" é criativo. Isso faz com que suas ideias se destaquem em meio às outras. Seus projetos têm mais chances de dar certo e de ajudar todos ao seu redor.

Mas o verdadeiro segredo está em saber diferenciar ideias de oportunidades. As oportunidades são ideias que têm verdadeiras chances de dar certo. Não basta ser criativo: é necessário transformar as ideias em realidade.

Destaques:
- **Inovador:** a cabeça do inventor é como uma fábrica de ideias.
- **Faro de sucesso:** entre todas as ideias, o inventor simplesmente sabe qual vai dar certo.

Joga pro time

- Acreditar na ideia de alguém do começo ao fim.
- Entrar para o time de alguém e fazer a diferença.
- Apoiar alguém em uma dificuldade.

Na vida, é difícil alcançar os objetivos sozinho, sem a ajuda e a participação de outras pessoas. Elas se transformam em nossa equipe, acreditando em nossas ideias e construindo junto.

Quem tem o poder "joga pro time" sabe bem disso. Ele sabe como é importante apoiar o outro, inclusive nos momentos difíceis. Sorte de quem tem alguém com o poder joga pro time por perto!

Destaques:

- **Braço direito:** quem possui o poder joga pro time é o melhor parceiro que alguém pode ter.
- **Tamo junto:** se o joga pro time acredita em uma ideia, em uma equipe, em alguém... ele vai até o fim.

Líder

- Inspirar e atrair pessoas para seu time.
- Montar uma equipe complementar que funciona bem.
- Valorizar e elogiar a participação do time.

Quem tem o poder de "líder" sabe respeitar, estimular e motivar as pessoas, e, por isso, é respeitado e admirado por todos.

Conseguir as coisas sozinho na vida é muito difícil. Quem tem o poder de líder sabe disso muito bem. O líder tem a habilidade de atrair as melhores pessoas para seu time e que o ajudarão inclusive naquilo que ele não conhece ou não é tão capaz.

Destaques:

- **Vem comigo:** o líder inspira e atrai as pessoas com a sua visão de futuro.
- **Capitão:** o líder sabe montar um time completo e equilibrado, da defesa ao ataque.

Mão na massa

- Ser o primeiro a começar.
- Ser ousado em sua ideia.
- Não ter medo de errar.

Quem tem o poder "mão na massa" sabe que ideia boa é ideia que vira realidade. De que adiantam várias ideias boas só no mundo dos sonhos? Afinal, todos têm ideias, mas só alguns fazem com que elas aconteçam.

Para isso, o mão na massa sabe que precisa se arriscar. Só colocando a mão na massa para descobrir se algo dá certo ou não. E, se der errado, não tem problema. O mão na massa aprende com o erro e parte para a próxima!

Destaques:

- **Primeiro:** enquanto os outros ainda estão pensando, o mão na massa já está fazendo.
- **Tudo ou nada:** o mão na massa gosta de assumir riscos.
- **Faz acontecer:** sua paixão em realizar faz com que o mão na massa torne ideias realidade.

Plano infalível

- Fazer um bom plano.
- Usar os recursos disponíveis de forma bem inteligente.
- Tomar uma decisão de forma calculada.

Quem tem o poder "plano infalível" sabe que alcançar um objetivo fica mais fácil quando se planeja bem cada passo (mesmo que o objetivo não esteja claro). Por exemplo, usar do melhor jeito os recursos, inclusive o dinheiro, e os talentos, seus e do grupo. Isso é natural para quem possui o poder plano infalível!

Quem faz o quê? Quando? Um bom plano aumenta as chances de algo dar certo. Na hora de colocar a mão na massa, o poder plano infalível faz toda a diferença.

Destaques:

- **Melhor saída:** o plano infalível sabe dizer qual caminho vale mais a pena, inclusive se o assunto for dinheiro.
- **Um plano para tudo:** o plano infalível é capaz de fazer um bom plano para tudo, mesmo se não souber com clareza qual o objetivo que se quer atingir.
- **Encaixe perfeito:** onde usar cada recurso e qual o melhor jeito de cada um ajudar. O plano infalível sabe as respostas.

Se vira sozinho

- Mostrar autonomia: não esperar ou depender de alguém.
- Tocar uma ideia sozinho.
- Vencer a insegurança e tomar uma decisão.

Quem tem o poder "se vira sozinho" sabe que pessoas donas de si querem abrir seus próprios caminhos, dar seus próprios passos e ser donas do próprio nariz. O se vira sozinho não deixa de colaborar com as pessoas, mas não quer depender de ninguém.

O se vira sozinho vence a insegurança e sabe tomar decisões no momento adequado, inclusive quando as coisas não estão dando certo.

Destaques:

- **Independente:** o se vira sozinho é muito capaz de resolver as coisas, mesmo que não haja ninguém para ajudar.
- **Sabe o que quer:** tomar decisões às vezes pode não ser fácil, mas o se vira sozinho sabe o que fazer.

Transformador

- Ter uma ideia sustentável.
- Improvisar com os próprios recursos.
- Executar uma ideia com zero desperdício.

Se o planeta e a sociedade forem melhores no futuro, é devido a pessoas que possuem o poder "transformador".

O transformador sabe usar os recursos que existem de forma inteligente, sem desperdício, muitas vezes mostrando que o que as pessoas precisam já está com elas o tempo todo. Só é necessário um olhar transformador. No mundo de hoje, é preciso transformar e inovar. E o transformador sabe fazer isso.

Destaques:

- **Mestre do improviso:** o transformador é capaz de renovar e reutilizar coisas para os seus objetivos.
- **Mundo sustentável:** o transformador é capaz de inspirar as pessoas para um mundo mais sustentável, com menos consumo, menos desperdício e mais equilíbrio.

Visionário

- Visualizar claramente o resultado da ideia, desde o início.
- Mostrar um jeito novo de fazer as coisas.
- Mostrar que quer mudar o mundo.

Quem tem o poder "visionário" enxerga o futuro e acredita que ele pode ser melhor. Provavelmente, pensa nisso muitas vezes e se sente inconformado com os problemas das pessoas, imaginando formas novas e criativas para resolvê-los.

O visionário quer mudar o mundo e, por isso, é conhecido como alguém que faz a diferença. Pessoas com esse poder são capazes de buscar novas formas de se fazer as coisas, mostrando que a mudança é, sim, possível.

Destaques:

- **Visão de futuro:** o visionário é capaz de enxergar além, imaginando exatamente como serão os seus objetivos quando alcançados.
- **Agente da mudança:** o visionário não vai se conformar enquanto o mundo não for melhor.
- **Diferente:** o visionário não é mais um na multidão. Ele faz a diferença.

3

PRATICANDO HABILIDADES EMPREENDEDORAS

3.1 OFICINAS LÚDICAS E *GAMIFICADAS* DE EMPREENDEDORISMO

Para conhecer e praticar seus poderes empreendedores, são apresentadas a seguir algumas oficinas lúdicas, chamadas de desafios: Minha Própria Casa, Show de Talentos, Torre de Papel, Transporte do Futuro e A Sua Oficina. Todas as oficinas seguem uma mesma lógica de aplicação, tempo de duração e utilização de materiais e recursos similares.

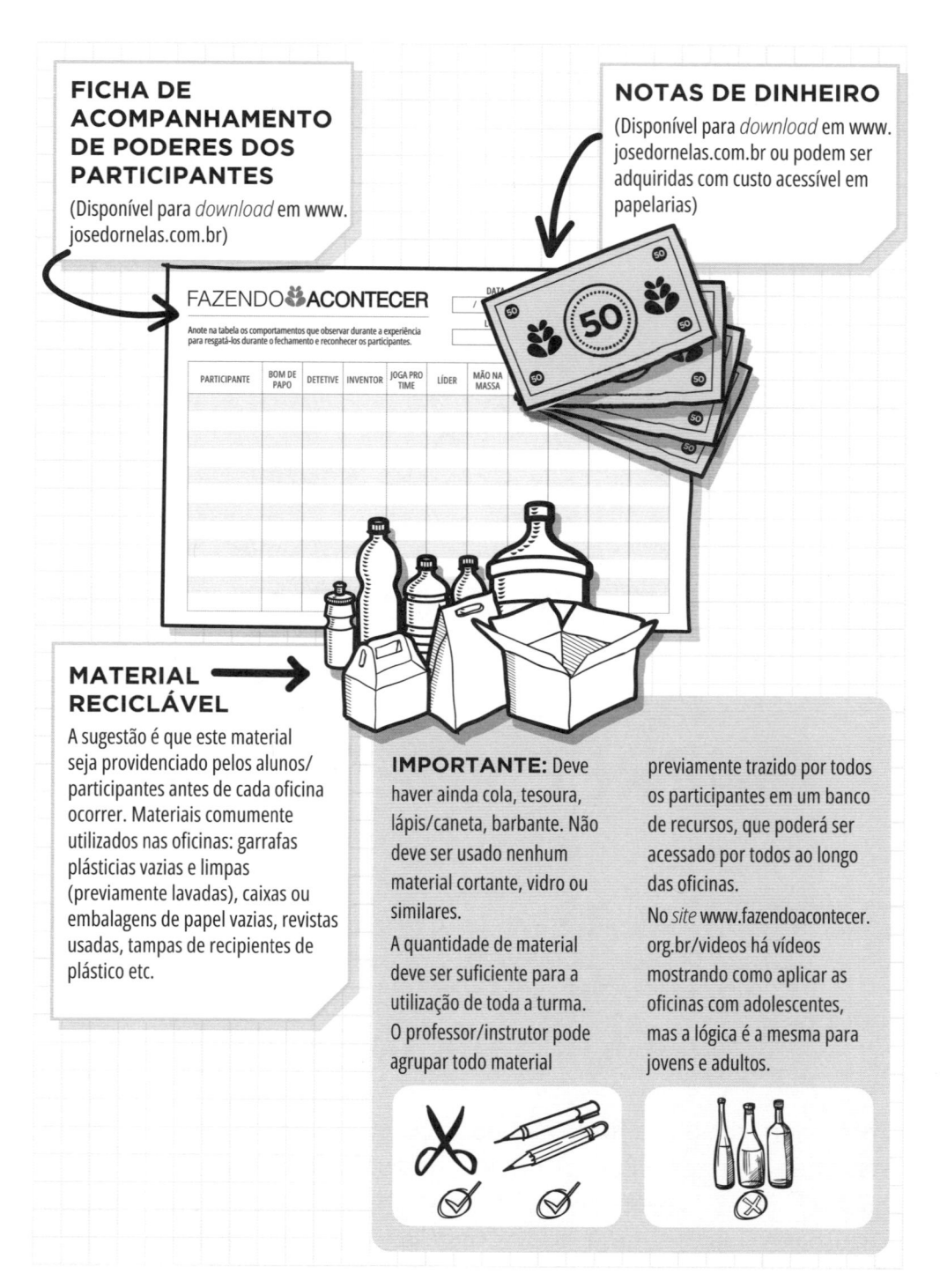

FICHA DE ACOMPANHAMENTO DE PODERES DOS PARTICIPANTES

(Disponível para *download* em www.josedornelas.com.br)

NOTAS DE DINHEIRO

(Disponível para *download* em www.josedornelas.com.br ou podem ser adquiridas com custo acessível em papelarias)

MATERIAL RECICLÁVEL

A sugestão é que este material seja providenciado pelos alunos/participantes antes de cada oficina ocorrer. Materiais comumente utilizados nas oficinas: garrafas plásticas vazias e limpas (previamente lavadas), caixas ou embalagens de papel vazias, revistas usadas, tampas de recipientes de plástico etc.

IMPORTANTE: Deve haver ainda cola, tesoura, lápis/caneta, barbante. Não deve ser usado nenhum material cortante, vidro ou similares.

A quantidade de material deve ser suficiente para a utilização de toda a turma. O professor/instrutor pode agrupar todo material previamente trazido por todos os participantes em um banco de recursos, que poderá ser acessado por todos ao longo das oficinas.

No *site* www.fazendoacontecer.org.br/videos há vídeos mostrando como aplicar as oficinas com adolescentes, mas a lógica é a mesma para jovens e adultos.

Figura 3.1 Componentes ou recursos utilizados em cada oficina.

3.2 COMO AS OFICINAS ACONTECEM

Durante cada oficina, os poderes empreendedores irão surgir entre os participantes e caberá a cada participante fazer sua própria avaliação ao final do processo, identificando o poder empreendedor que considera ter sido o mais presente em si mesmo durante o desafio.

Todos os participantes, sem exceção, deverão identificar um, e apenas um, poder que considera ter sido o seu poder de destaque durante o desafio. Essa análise é subjetiva e deve levar em conta a própria percepção do participante em relação à sua participação no desafio.

O professor/instrutor precisará confirmar a atribuição de poder feita por cada participante ou sugerir outro poder como sendo o mais presente para cada um deles. A decisão final do poder selecionado é de cada participante e não do professor!

Após a realização de determinada oficina, cada participante deve escrever à mão o seu poder no espaço correspondente no livro e explicar, em poucas linhas, o motivo que o levou a autoatribuir esse poder dentre os dez poderes possíveis.

Finalmente, quando o desafio for concluído, cada participante deverá selecionar uma missão relacionada ao seu poder para que seja realizada fora do ambiente do curso e com prazo definido pelo professor/instrutor. Sugere-se de uma a três semanas para que as missões sejam concluídas. Todas as missões estão disponíveis no Capítulo 4.

Ao longo das várias oficinas, todos os participantes poderão identificar vários poderes diferentes ou poderes repetidos. Como a análise é subjetiva, a dica para cada participante é de se permitir enxergar seu comportamento de maneira inovadora, evitando a atribuição de poderes repetidos. Isso porque o mais importante de se autoatribuir um poder é a comprovação, pela realização da missão, de que você possui e/ou pode desenvolver quaisquer poderes.

3.3 DICAS IMPORTANTES PARA PLANEJAR A EXECUÇÃO DE CADA OFICINA

- Definir e organizar o local: uma sala vazia e que comporte toda a turma, sem móveis, ou apenas com mesas sem cadeiras, é o ideal. Pode-se ainda realizar as oficinas em local aberto, como uma quadra, um jardim, um terraço etc.
- Preparar os materiais dos participantes: todos os participantes devem trazer algum material reciclável.
- Preparar o material do professor/instrutor: imprimir a ficha de acompanhamento de poderes dos participantes; imprimir ou providenciar notas de dinheiro (sugere-se várias notas, totalizando em torno de R$ 50,00 por participante).
- Descrever cada poder em mãos: sugere-se ter este livro à mão para consultar os poderes empreendedores e suas definições.

3.4 PASSO A PASSO PARA EXECUTAR UMA OFICINA

PASSO 1: *Definição da oficina que será realizada*

A descrição da oficina ou do desafio apresenta os seus objetivos. Há sugestões de como solucionar o desafio, mas os participantes sempre podem propor uma nova forma de se fazer.

PASSO 2: *Definição das regras*

- **Tempo:** o tempo sugerido para a resolução do desafio é de 45 minutos. Após o desafio concluído, deve-se ainda reservar tempo suficiente para: a apresentação dos resultados de cada grupo, a anotação de seu poder por cada participante, a descrição do motivo de seu poder dada pelo participante, a validação do poder com o professor/instrutor e, finalmente, a definição da missão que cada participante realizará nas próximas semanas.

- **Grupos:** os desafios devem ser resolvidos em grupos (quatro a seis integrantes por grupo são o ideal).

- **Recursos e notas de dinheiro:** cada participante deve receber uma quantia inicial de dinheiro (R$ 50,00). A precificação dos itens do banco de recursos (materiais recicláveis) pode ser aleatória, pois permite negociações de acordo com a demanda. Os preços podem variar de R$ 1,00 a R$ 10,00 ou mais. Um exemplo é quando determinado recurso é demandado por vários grupos. Naturalmente, como ocorre na vida real, o preço pode subir. Já quando um recurso está encalhado, o preço tende a cair.

Importante:

O professor/instrutor deve definir que um grupo de alunos/participantes fique responsável pela administração do banco de recursos. Essa é a forma mais fácil e indicada para aplicar a oficina. O grupo que gerencia o banco de recursos também será observado pelo professor/instrutor e fará a autoatribuição de poder da mesma forma que os demais participantes.

Deve-se evitar que quem foi responsável pelo banco de recursos em determinada oficina repita a tarefa em outras, possibilitando assim várias oportunidades para todos aprenderem com cada particularidade dos desafios.

PASSO 3: *Mão na massa*

Durante esta etapa, o foco é resolver o desafio. O participante não deve ficar preocupado em expressar seu poder empreendedor, pois será algo natural que ocorrerá ao longo da oficina. Já o professor/instrutor, além de controlar o tempo e incentivar os grupos, deverá anotar em sua ficha de acompanhamento quais poderes acredita serem os mais presentes em cada participante para depois validar com cada um deles.

PASSO 4: *Apresentação dos resultados*

Quando todos encerrarem o trabalho do mão na massa, é hora de comemorar os resultados e observar as reações dos grupos frente às suas criações. Todos devem valorizar os resultados alcançados, independentemente de estarem 100% completos ou de sua qualidade, pois o que mais importa aqui é o processo percorrido e não a criação final. Isso porque foi vivenciando todo o processo de criação que cada participante identificou o seu poder e não pelo resultado final obtido. Há três perguntas-chave para promover um debate nesse momento:

- O que aconteceu hoje?
- Como vocês se sentiram?
- O que vocês aprenderam hoje que gostariam de levar para a vida de vocês?

PASSO 5: *Atribuição dos poderes e das missões*

Após o debate e a apresentação dos resultados, todos os participantes devem definir o poder que consideraram o mais presente em si mesmos, anotar à mão no livro, validar com o professor/instrutor e selecionar uma missão relacionada ao seu poder para que seja realizada nas próximas semanas. A relação das missões disponíveis para realizar encontra-se no Capítulo 4.

Todos os participantes devem ainda anotar no livro a comprovação de que realizaram a missão. Exemplos de comprovação: *link* de foto ou vídeo em rede social, descrição à mão do resultado da missão etc.

Importante:
Não é para o professor/instrutor que o participante deve comprovar a realização da missão, mas para si mesmo. O objetivo das oficinas é

que cada um pratique suas habilidades empreendedoras e chegue às suas próprias conclusões.

A seguir cada oficina é apresentada com explicações do objetivo a ser alcançado.

> OFICINA MINHA PRÓPRIA CASA

O tema central da oficina **Minha Própria Casa** é a falta de habitação, um problema mundial.

Ainda que de forma leve e divertida, existe a oportunidade de sensibilizar os participantes sobre o assunto, relacionando com suas histórias pessoais e criando uma conexão com a sociedade.

Objetivo: construir uma casa

A tendência é que todos os participantes providenciem os materiais necessários assim que tiverem uma ideia inicial, indo, depois, para a construção.

Possibilidades:

- Que entra

  Essa opção representa uma casa divertida; por exemplo, as cabanas que as crianças constroem com lençóis. Basicamente, uma casa capaz de fazer com que o autor, e quem sabe alguns amigos, possam entrar e reconhecer o próprio espaço, isolado do lado de fora. Surpresas dentro da casa são um bônus!

- Que enfeita

  Decorativa ou brinquedo, essa é uma casa miniatura. Atenção aos detalhes e até ao lado de dentro da casa. Algo para se colocar na estante depois do desafio.

- Do futuro

  Uma casa capaz de expressar toda a criatividade ou o lado visionário dos autores. A casa do futuro pode não ter porta, teto, janelas; pode ter dispositivos que não imaginamos.

- Do seu jeito

  As ideias anteriores são apenas sugestões. Os participantes podem propor algo diferente.

Anote aqui o seu poder após realizar a oficina Minha Própria Casa:

....

....

....

Explicação do motivo para o poder atribuído:

....

....

....

Missão relacionada ao seu poder:

....

....

....

Prazo para realizar a missão:

....

....

....

Comprovação de que realizou a missão:

....

....

....

....

> OFICINA SHOW DE TALENTOS

O tema central da oficina **Show de Talentos** é o de explorar e descobrir os próprios talentos por meio de uma apresentação artística. Ser criativo e trabalhar um lado artístico podem ser coisas não tão familiares para alguns participantes. Trata-se de uma oportunidade que se tem nas mãos para descobrir novas habilidades.

Objetivo: criar e apresentar uma obra artística

Apesar de o objetivo ser uma apresentação, o desafio dá opções para todos os perfis, dos mais introvertidos aos mais extrovertidos. Todos devem se desafiar para ir além. Fazer algo muito fácil não traz aprendizado.

Possibilidades:

- Banda
Preparar e apresentar uma música (que pode ser original!). Os participantes podem criar novos instrumentos ou brincadeiras em cena a partir dos materiais recicláveis disponíveis.

- Dança
Momento da criatividade! Vale muito mais criar a própria coreografia do que apenas imitar uma que já existe.

- Quadrinhos/poesia/pintura
Ótimas opções, que podem expor grandes talentos. Os participantes podem ousar, fazer algo novo ou de um jeito novo.

- Do seu jeito
As ideias anteriores são apenas sugestões. Os participantes podem propor algo diferente.

Anote aqui o seu poder após realizar a oficina Show de Talentos:

....

....

....

Explicação do motivo para o poder atribuído:

....

....

....

Missão relacionada ao seu poder:

....

....

....

Prazo para realizar a missão:

....

....

....

Comprovação de que realizou a missão:

....

....

....

➤ OFICINA TORRE DE PAPEL

O tema central da oficina **Torre de Papel** é estimular os participantes a pensar grande e ser criativos a partir de poucos recursos em mãos.

A realização desta oficina se dá apenas com papel (páginas de revista usada, papel que seria reciclado, papel de rascunho etc.), cola e fita adesiva.

Objetivo: criar a maior (ou a mais alta!) torre de papel que o grupo conseguir

Muitos grupos podem querer fazer a torre sem pensar no planejamento. Será que ela fica em pé se não pensarem em um alicerce mais robusto? Vai ser um aprendizado e tanto para os futuros engenheiros! Há aqueles que colocam a criatividade em prática, saindo do lugar comum, e aqueles que farão algo básico, mas efetivo.

Possibilidades:

- Simples, mas estável
  O foco do grupo é atingir o objetivo da maior (ou mais alta) torre possível, sem se preocupar com as aparências.

- Complexa e bem maluca
  Essa é a torre dos que gostam de ousar, pensar "fora da caixa", mas os resultados nem sempre são os esperados.

- A beleza faz a diferença
  Nesse caso, o grupo pensou em todos os detalhes, preocupando-se não só com a altura, mas com a estética.

- Inovadora
  Como sempre, as ideias anteriores são apenas sugestões. Pode-se propor algo diferente e inédito.

Anote aqui o seu poder após realizar a oficina Torre de Papel:

....

....

....

Explicação do motivo para o poder atribuído:

....

....

....

Missão relacionada ao seu poder:

....

....

....

Prazo para realizar a missão:

....

....

....

Comprovação de que realizou a missão:

....

....

....

❯ OFICINA TRANSPORTE DO FUTURO

O tema central da oficina **Transporte do Futuro** é para os participantes exercitarem a imaginação, antecipando soluções que o mundo conhecerá só daqui a alguns anos. O transporte das pessoas de um lugar para outro, principalmente nas grandes cidades, é um problema que precisa ser resolvido para melhorar a vida de todos.

Objetivo: desenvolver o protótipo do transporte do futuro

A ideia é que todos reflitam sobre o futuro e não se preocupem se a criação é viável hoje. A solução que estão criando pode ser efetiva e realista daqui a alguns anos.

Possibilidades:

- Carro anfíbio e supersônico

Se o grupo pensa que o transporte terrestre ainda será o foco, essas são ideias possíveis.

- Nave interestelar

Para aqueles que estão com a cabeça nas nuvens, um pouco de ficção científica pode ser o estímulo que faltava.

- Teletransporte

Para os que gostam de ousar e realmente pensar em algo muito futurista.

- Algo que ninguém pensou ainda

Quem sabe surjam ideias incríveis que um dia possam se tornar realidade.

Anote aqui o seu poder após realizar a oficina Transporte do Futuro:

....

....

....

Explicação do motivo para o poder atribuído:

....

....

....

Missão relacionada ao seu poder:

....

....

....

Prazo para realizar a missão:

....

....

....

Comprovação de que realizou a missão:

....

....

....

> MINHA OFICINA

O seu desafio é criar uma oficina, seguindo a mesma lógica das anteriores, e apresentar à turma. Todos devem criar pelo menos uma oficina. Ficará a critério do professor/instrutor selecionar ou não uma ou mais oficinas para utilizar durante o curso.

Texto explicando a Sua Oficina:

....

....

....

....

....

....

....

....

Anote aqui o seu poder após realizar a Sua Oficina (ou outra definida pelo professor/instrutor):

....

....

....

Explicação do motivo para o poder atribuído:

....

....

....

Missão relacionada ao seu poder:

....

....

....

Prazo para realizar a missão:

....

....

....

Comprovação de que realizou a missão:

....

....

....

4
MISSÕES PARA QUEM FAZ ACONTECER

Ao final de todas as oficinas, há a atribuição de poderes pelos participantes. Assim, caso o participante tenha se autoatribuído um poder repetido em oficinas diferentes, ele terá o desafio de realizar missões diferentes para o mesmo poder. Por isso, são apresentadas a seguir mais de uma missão por poder. Ademais, sugere-se que todos os participantes criem missões relacionadas aos poderes para compartilhar com a turma (preenchendo os espaços em branco para as missões 3, 4 e 5 de cada poder). Essa atividade de criar uma missão pelos participantes será de especial importância para consolidar o significado de cada poder empreendedor.

Ao concluir todas as missões, após todas as oficinas serem realizadas, sugerem-se ao professor/instrutor aulas para discutir com os participantes como foram o desafio de atribuição e o cumprimento das missões e o que aprenderam com isso. A expectativa é de que todos consigam assimilar os poderes empreendedores de maneira prática, identificando-se com aqueles que consideram os mais presentes em si mesmos e, ainda, traçando um plano de ação para o desenvolvimento de outros poderes ainda não claramente identificados. O Plano Empreendedor Pessoal (PEP), apresentado no Capítulo 7, será muito útil nesse sentido.

Bom de papo

	Missão	Contexto	O que fazer
Missão 1	Passando pra frente	Todo mundo sempre tem algo parado e bom, que pode ser útil para alguém e ainda dar um lucro.	Venda algo usado seu, em bom estado, por um preço justo.
Missão 2	Abaixo-assinado	"A mobilização é o início das mudanças..." Julio Aukay	Crie um abaixo-assinado pedindo solução para um problema. Junte pelo menos 50 assinaturas!
Missão 3	Palestrante		
Missão 4	[Missão criada por você]		
Missão 5	[Missão criada por você ou alguém da turma]		

Detetive

	Missão	Contexto	O que fazer
Missão 1	Descobrir o jeito	"Não encontre um defeito, encontre uma solução." Henry Ford	Descubra como resolver (e resolva!) um problema que esteja próximo de você. Vale consertar alguma coisa ou ajudar alguém que precisa de algo e não sabe como fazer. Não vale algo que você já saiba ou muito fácil (mostre suas habilidades de detetive!).
Missão 2	Novas habilidades	"Suas Habilidades + Seus Relacionamentos = Sucesso." John Cassis Maxwell	Aprenda a fazer duas coisas novas que podem facilitar a sua vida ou a dos outros. Vale aprender com alguém ou por conta própria.
Missão 3	Como funciona		
Missão 4	[Missão criada por você]		
Missão 5	[Missão criada por você ou alguém da turma]		

Inventor

	Missão	Contexto	O que fazer
Missão 1	Superchef	"A conversa não cozinha o arroz." Provérbio chinês	Criar três receitas novas que você pode fazer em 30 minutos. Vale misturar outras receitas, desde que o resultado seja original.
Missão 2	Produtor	"Criatividade é inventar, experimentar, crescer, correr riscos, quebrar regras, cometer erros, e se divertir." Mary Lou Cook	Criar um programa de TV ou canal de YouTube com temática voltada ao público jovem.
Missão 3	Minha ideia de negócio		
Missão 4	[Missão criada por você]		
Missão 5	[Missão criada por você ou alguém da turma]		

Joga pro time

	Missão	Contexto	O que fazer
Missão 1	Missão em dupla	"Tenho fé. Fé e amigos... Quer dupla mais infalível?" Virgínia Mello	Apoie outro participante na realização de sua missão! Ofereça sua ajuda. Se o participante aceitar, a missão dele passa a ser em dupla, feita também com o seu apoio.
Missão 2	Alicerce	Ser a base de um grupo muitas vezes passa despercebido, mas o resultado não é o mesmo sem você.	Voluntarie-se para ajudar grupos do curso/faculdade ou do trabalho a concretizar um projeto no prazo.
Missão 3	Conte comigo		
Missão 4	[Missão criada por você]		
Missão 5	[Missão criada por você ou alguém da turma]		

Líder

	Missão	Contexto	O que fazer
Missão 1	Feedback	O *feedback* é um método poderoso que grandes líderes usam para crescerem ainda mais.	Convide pelo menos duas pessoas próximas para trocarem *feedback* com você. Cabem elogios e sugestões de melhorias.
Missão 2	Das antigas	"Hoje por vocês eu vim. Meus amigos são tudo pra mim. Tamo junto até o fim." Emicida	Organize um encontro de amigos "das antigas".
Missão 3	Inspirando os céticos		
Missão 4	[Missão criada por você]		
Missão 5	[Missão criada por você ou alguém da turma]		

Mão na massa

	Missão	Contexto	O que fazer
Missão 1	Primeira vez	"Existem tantas coisas para experimentar e a nossa passagem pela Terra é tão curta que sofrer é uma perda de tempo." Facundo Cabral	Faça algo que nunca fez antes. Não vale ser algo fácil para você. Inspire-se e faça algo diferente.
Missão 2	Saindo do papel	"Tudo parece impossível até que seja feito." Nelson Mandela	Coloque uma ideia pessoal em prática. Coloque a mão na massa e faça ela acontecer de uma vez.
Missão 3	Quem não arrisca não petisca		
Missão 4	[Missão criada por você]		
Missão 5	[Missão criada por você ou alguém da turma]		

Plano infalível

	Missão	Contexto	O que fazer
Missão 1	Sonhando acordado	"Tudo que está no plano da realidade já foi sonho um dia." Leonardo Da Vinci	Crie um plano de ação de uma página, com atividades-chave e prazos, para transformar um sonho importante em realidade. E não se esqueça de seguir o plano!
Missão 2	Ganhando na loteria	"Quem comprar o que não precisa, venderá o que precisa." Provérbio árabe	Você ganhou na loteria R$ 10 milhões em barras de ouro. Planeje como usará esse recurso (o que comprar, quanto investir/poupar, o que vai mudar na sua vida...).
Missão 3	Plano de vida		
Missão 4	[Missão criada por você]		
Missão 5	[Missão criada por você ou alguém da turma]		

Se vira sozinho

	Missão	Contexto	O que fazer
Missão 1	Aventura solo	"A liberdade é a possibilidade do isolamento. Se te é impossível viver só, nasceste escravo." Fernando Pessoa	Programe e viva um dia de aventura solo em um local ainda não explorado por você.
Missão 2	Autodidata	"É estupidez pedir aos deuses aquilo que se pode conseguir sozinho." Epicuro	Decida algo que você gostaria de saber fazer e dê um jeito de aprender sozinho.
Missão 3	Deixa comigo		
Missão 4	[Missão criada por você]		
Missão 5	[Missão criada por você ou alguém da turma]		

Transformador

Missão	Missão	Contexto	O que fazer
Missão 1	Pegada ecológica	"Cada dia a natureza produz o suficiente para nossa carência. Se cada um tomasse o que lhe fosse necessário, não haveria pobreza no mundo e ninguém morreria de fome." Gandhi	Descubra a sua pegada ecológica. Acesse um *site* que calcula sua pegada ecológica e faça a descoberta! O que você aprendeu?
Missão 2	Mutirão do desapego	"O importante não é o que se dá, mas o amor com que se dá." Madre Teresa	Organize um mutirão de doações para uma ONG. Decida para onde (e como) vai doar, convença amigos e familiares a ajudar e faça acontecer.
Missão 3	Presentes reutilizáveis		
Missão 4	[Missão criada por você]		
Missão 5	[Missão criada por você ou alguém da turma]		

Visionário

	Missão	Contexto	O que fazer
Missão 1	Cidade do futuro	"Se podemos sonhar, também podemos tornar nossos sonhos realidade." Walt Disney	Imagine e descreva a sua cidade do futuro. Como ela será daqui a 50 anos? Quais transformações vão acontecer? Pense positivo!
Missão 2	Plano de governo	"Alguns homens veem as coisas como são, e dizem 'Por quê'? Eu sonho com as coisas que nunca foram e digo 'Por que não'?" George Bernard Shaw	Como se fosse um governante eleito pela população, crie uma nova lei que irá melhorar a vida das pessoas.
Missão 3	Agente da mudança		
Missão 4	[Missão criada por você]		
Missão 5	[Missão criada por você ou alguém da turma]		

5

COMO PENSA E AGE O EMPREENDEDOR DO NEGÓCIO PRÓPRIO

5.1 VERDADES SOBRE O EMPREENDEDOR

Além da discussão acerca das características dos empreendedores do negócio próprio, também é comum encontrar estudos e mesmo análises empíricas e coloquiais que acabam por ser difundidos como mitos da personalidade do empreendedor que cria empresas. Por outro lado, há verdades confundidas com mitos e que também precisam ser mais bem entendidas para o benefício dos candidatos a empreendedor do negócio próprio. Algumas das verdades que sobrepujam mitos bem difundidos sobre o empreendedor do negócio próprio são apresentadas a seguir.

- **Sorte**

Para o empreendedor, a sorte é o encontro da oportunidade com a sua capacidade de realização. O empreendedor não pensa na sorte, não conta com ela, mas a sorte pode aparecer, e, quando isso acontece, ele deve estar preparado para o evento. Por isso, quando muitos dizem que os empreendedores têm sorte, não estão errados, mas também estão sendo simplistas ao analisar os dados, uma vez que a sorte do empreendedor nada mais é que estar no lugar certo, na hora certa e com a competência certa para poder aproveitar a oportunidade.

- **Quebrar a cara (fracassar)**

"É muito melhor arriscar coisas grandiosas, alcançar triunfos e glórias, mesmo expondo-se à derrota, que formar fila com os pobres de espírito que nem usufruem muito nem sofrem muito, porque vivem nessa penumbra cinzenta, que não conhece vitória nem derrota". Essa frase, de Theodore Roosevelt, exprime um pensamento muito comum dos empreendedores. Eles arriscam, erram, fracassam, mas tentam. Não se arrependem de tentar e sabem que muitos que não tentam passam anos se lamentando por não terem dado o primeiro passo, por titubearem.

- **Paciência *versus* agilidade**

Um grande desafio do empreendedor é controlar a ansiedade, dar o ritmo correto ao desenvolvimento do negócio. Se a execução ocorrer muito lentamente, ele pode perder a oportunidade de crescer. Se for com muita sede ao pote, ele pode tropeçar nas próprias pernas, ainda sem condições de correr na velocidade almejada. Esse equilíbrio se aprende com o tempo e com a experiência, mas se trata de um dilema que fará parte do dia a dia do empreendedor do negócio próprio.

⊕ Experiência

A experiência traz ao empreendedor o conhecimento tácito necessário para ser replicado e repassado a toda a equipe. Empreendedores jovens são rápidos, inovadores, ousados, mas carecem de experiência e, por isso, muitas vezes erram em áreas e decisões que os mais experientes conseguiriam contornar com maestria. Em tese, ao montar um time empreendedor, o líder pode conseguir resultados muito positivos ao trazer para a mesma equipe pessoas jovens e outras mais experientes. Essa colisão de pensamentos, comportamentos, visões a respeito do negócio e da vida pode ser de extrema valia ao negócio.

⊕ "O homem não é uma ilha" (John Donne)

Não há negócio bem-sucedido alicerçado em um único personagem. Por mais que o líder empreendedor seja o principal garoto-propaganda da empresa, sozinho não se constrói o futuro do negócio. Ao se isolar do mundo, o empreendedor se distancia do mercado, das pessoas que poderiam contribuir para seu sucesso e deixa de gerar valor à sociedade. O trabalho em equipe é essencial, e, por isso, pessoas são o ativo mais importante do negócio, não o dinheiro, como muitos imaginam.

⊕ Modelos de referência

Os empreendedores se espelham em modelos que lhes servem de referência. Esses modelos não são necessariamente pessoas famosas ou empreendedores conhecidos. Podem ser empreendedores da sua cidade ou região. Pessoas próximas do empreendedor, como familiares, pais e avós, também exercem grande influência na maneira de pensar e agir do futuro empreendedor. Para os empreendedores, é cativante ouvir, ver, conversar sobre personagens empreendedores que superaram grandes desafios e tornaram-se bem-sucedidos em suas áreas de atuação. Isso os inspira e ajuda a moldar o seu próprio comportamento empreendedor, suas crenças e valores.

⊕ Perfil e influência do ambiente

O perfil do empreendedor pode mudar e ser formatado e aperfeiçoado a partir de sua interação com o ambiente no qual vive:

na escola, na faculdade, na empresa, no círculo social, no ambiente familiar. As experiências vividas pelo indivíduo ajudam a moldar o seu perfil, e, se o ambiente no qual esse empreendedor se insere for propício ao empreendedorismo, suas chances de prosperar aumentam significativamente.

○ Planejamento e resultados

Muitos empreendedores não desenvolvem um plano de negócios formal, o que não significa que não planejem. O planejamento tradicional, por meio de um plano de negócios, tem seu papel e é fundamental em vários negócios. Porém, há ainda o planejamento efectual (quando não se tem clareza do objetivo que se pretende atingir), que se baseia em um sonho claro, com várias possibilidades ou rumos para seguir. O fato é que planejar de maneira tradicional ou não tradicional ajuda o empreendedor a obter resultados. A atividade empreendedora é um caos controlado, principalmente no início do negócio, e os resultados têm mais chances de aparecer quando se planeja.

○ Sonhar acordado

Sem sonho, não há negócio. O sonho é a realização mental do futuro que se pretende para a empresa que o empreendedor está criando. Sonhar é importante, pois motiva, esclarece ideias, antecipa soluções e situações que o presente não permite discutir. Porém, há de se sonhar acordado, realizando-se o passo a passo para se chegar ao horizonte vislumbrado. Os empreendedores precisam sonhar acordados, ter os pés no chão e a cabeça nas nuvens. Isso estimula a criatividade, sem perder o alicerce da racionalidade.

○ Sua história é única

Por mais que exista a tentativa de rotular quem é, como pensa e age o empreendedor, cada história empreendedora é única, tem suas facetas, desafios, momentos de êxtase e de derrotas. Cada empreendedor constrói e trilha os seus próprios caminhos, que servirão de referência para os novos empreendedores que surgirão. Por isso, mais importante que se comparar com outros empreendedores e tentar copiá-los integralmente é construir o seu próprio estilo e ter a sua própria história original. Afinal, a inovação cabe também na construção de seu legado como empreendedor.

Praticando

❯ O perfil do empreendedor do negócio próprio

Pesquise na internet, identifique e realize um teste de perfil que encontrar disponível gratuitamente e, em seguida, analise suas características empreendedoras. Solicite a outras pessoas do seu círculo de convivência que também realizem o teste. Compare seus resultados com a média dos resultados de todos. Quais são as suas conclusões? Qual é a sua opinião sobre os testes de perfil empreendedor?

A partir do que você estudou até aqui, de pesquisas na internet e do teste realizado, liste as cinco características empreendedoras e os cinco poderes empreendedores que você considera os mais importantes. Justifique sua escolha.

❯ Conhecendo empreendedores (Parte 2)

Seu desafio será entrevistar um(a) empreendedor(a) de negócio próprio. Você tem a liberdade de escolher a pessoa. A sugestão é que seja alguém fora de sua rede de relacionamentos, mas que você admire e queira conhecer mais. Você pode/deve utilizar sua rede de contatos para chegar até o(a) empreendedor(a). Apresente-se como um estudioso acadêmico, interessado em conhecer mais acerca do comportamento empreendedor, diga que se trata de um trabalho acadêmico e procure ter uma conversa sobre a história do(a) empreendedor(a) (e não da empresa, pois o foco é o[a] empreendedor[a]). Divida a sua entrevista em fases da vida do(a) empreendedor(a), buscando conhecer seu estilo de vida, o que gostava/gosta de fazer, sua formação e, principalmente, quais eram/são os seus sonhos. Confronte os sonhos com as realizações atuais do(a) empreendedor(a) e questione se ele(a) se sente realizado(a) ou não. Como sugestão, crie um roteiro para a entrevista e, caso ele(a) concorde, grave-a e coloque-a no YouTube. Você pode usar como referência o roteiro de entrevista com o empreendedor disponível no *site* www.josedornelas.com.br. Procure conhecer as entrevistas realizadas por seus colegas e promova um debate sobre o comportamento empreendedor. Para concluir, procure responder à pergunta: "Quem é o empreendedor do negócio próprio?".

5.2 O PROCESSO DE EMPREENDER O NEGÓCIO PRÓPRIO

O início do processo de empreender o negócio próprio ocorre quando a decisão de empreender é tomada pelo empreendedor. O que leva a essa decisão não depende de uma única variável, como já foi apresentado no Capítulo 1. Na Figura 5.1, esse momento é representado pelas setas direcionadas ao círculo "Decisão de empreender". Há várias motivações empreendedoras: vontade, desejo, busca, descoberta, sonho, missão, fazer acontecer, autonomia, ganhar dinheiro, pós-carreira, negócio familiar, convite etc. A partir da decisão tomada, as ideias devem ser analisadas pelo empreendedor de maneira que sejam consideradas ou descartadas na etapa seguinte do processo empreendedor. É o que se recomenda para evitar cair na tentação comum quando se tem uma ideia aparentemente infalível. Essas ideias cegam o empreendedor que, sem qualquer análise mais criteriosa, muitas vezes cria o negócio e, com isso, corre grandes riscos de quebrar a empresa.

Em empreendedorismo, mais importante que ideias são as oportunidades. Elas podem ser definidas como ideias com potencial de retorno econômico, ou seja, são ideias que podem ser transformadas em produtos e/ou serviços que alguém vai querer adquirir (um mercado em potencial interessado em comprar o produto/serviço decorrente da ideia).

As ideias podem ser simples, sofisticadas, inovadoras, derivadas de algo existente, sustentáveis etc. Enfim, elas advêm da experiência do empreendedor, de sua rede de contatos, de seu conhecimento, do ambiente no qual vive. Muitas vezes, o empreendedor possui várias ideias e fica em dúvida sobre qual selecionar ou quais têm maior potencial de sucesso para ser a base de seu negócio.

Há também aqueles empreendedores que tomam a decisão de empreender, mas não têm ideias que considerem interessantes. Nesse caso, o dilema não é a escolha entre várias ideias, mas a identificação de uma única ideia de negócio.

Em ambos os casos, o empreendedor precisa se preparar para o próximo passo e não se contentar apenas com a simples definição do que é a ideia. De novo, o que importa é transformar ideias em oportunidades. Aos que têm várias ideias, a sugestão é seguir o fluxo do processo empreendedor, aplicar os critérios de análise de oportunidade a cada uma e, assim, selecionar aquela ou aquelas com maior potencial.

Aos que não têm ideias, o processo tem uma etapa anterior, que deve focar a pesquisa, a busca, a análise de problemas da sociedade, por exemplo, para então identificar ideias aparentemente interessantes para transformar em um negócio. Essa fase não pode ser feita com muitos critérios ou regras; pelo contrário, deve priorizar a criatividade. Também não se deve ainda questionar se a ideia é ou não viável; deve-se apenas tentar levantar o máximo de pensamentos que conseguir, mesmo que aparentemente soem "estúpidos" ou desconexos.

O processo de afunilar e selecionar as melhores ideias vem na sequência, ao analisar se podem ser considerados oportunidades. Esse processo pode ser feito de várias maneiras, pois há modelos, métodos e técnicas de análise de oportunidades bem difundidos hoje em dia, mas que não serão tratados neste livro. Aos interessados, recomenda-se a leitura de *Empreendedorismo, transformando ideias em negócios* e *Plano de negócios – Seu guia definitivo* (informações em www.josedornelas.com.br).

Com isso, pode-se selecionar a oportunidade mais interessante para levar adiante como negócio. A partir daí, tem-se a ideia de negócio definida e encerra-se a primeira fase do processo empreendedor. Apesar de ser apresentada com várias informações, essa fase inicial é, na verdade, muito prática e simples de ser executada por qualquer pessoa que pretenda empreender. A simplicidade dessa fase não condiz com sua importância, pois se a fase inicial for malfeita, o empreendedor pode colocar em risco todo o seu futuro negócio.

Como muitos dos empreendedores já estabelecidos não tiveram acesso a esse tipo de informação ou metodologia quando optaram por empreender, é natural que não tenham aplicado tais filtros ao escolher suas ideias de negócio. Porém, àqueles que, como você, podem usufruir de tais ferramentas, o que se aconselha é que utilizem desse conhecimento com o objetivo de reduzir riscos e aumentar as probabilidades de sucesso da jornada empreendedora.

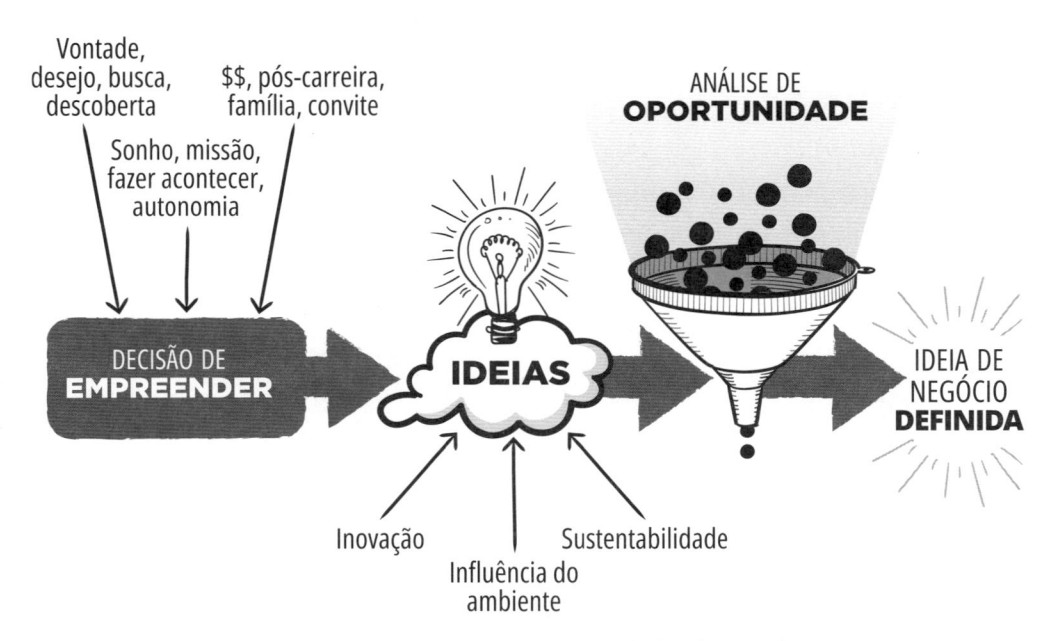

Figura 5.1 O processo empreendedor (Fase 1).

5.3 PROCESSO *VERSUS* MÉTODO

Da maneira como é apresentado na Figura 5.1, o processo empreendedor tem conotação de linearidade e de um objetivo claro a ser atingido. Porém, nem sempre é o que ocorre na prática. Os empreendedores, muitas vezes, não têm clareza de aonde querem chegar, ou seja, do objetivo a ser atingido. Mais recentemente, o conceito de empreendedorismo efectual tem sido difundido, principalmente devido à especialista que cunhou o termo, Saras Sarasvathy, e foca mais o método empreendedor que o processo. Não se trata de negar o processo empreendedor, mas de analisar alternativas para o ato de empreender o negócio próprio. Há casos em que o processo empreendedor é mais aplicável (quando o objetivo está claro), e outros nos quais o método empreendedor é o mais indicado (foco na experiência, na tentativa e no erro, no que você tem em mãos, e não nos fins ou em um objetivo a ser atingido).

O método empreendedor é mais experimental e viável para prototipação de ideias. O empreendedor coloca as ideias em prática, testa seu conceito no mercado e, dependendo da receptividade dos clientes, altera, melhora ou descarta o que fez e tenta de novo. Em vez de analisar em detalhes a oportunidade, como sugere o processo empreendedor, no método efectual, o empreendedor cria a oportunidade. Naturalmente, esse tipo de abordagem não é aplicável para todo tipo de negócio, principalmente naqueles casos nos quais um planejamento criterioso deva ser feito e o investimento necessário extrapole a capacidade financeira do empreendedor, ou seja, quando se tem uma perda em potencial acima da capacidade de arcar com o prejuízo (em caso de o negócio não dar certo) por parte do empreendedor. O método efectual foca três perguntas-chave:

1) Quem sou?

2) O que sei?

3) Quem conheço?

As perguntas indicam ao empreendedor que ele deve avaliar o que tem em mãos para começar a empresa. Um resumo seria: comece a partir do que você possui e então parta para a ação. Essa abordagem indica ainda ao empreendedor que ele não deve ficar esperando pela oportunidade ideal ou adotar a estratégia de buscar o que não tem em outros lugares (por exemplo, a incessante busca por investimento, comum a muitos empreendedores, mas que, nem sempre, é bem-sucedida).

As variáveis estão mais sob o controle do empreendedor, mas sua capacidade de escalabilidade é limitada, dependendo das respostas às perguntas. *"Quem sou?"* não se refere apenas à autoanálise de perfil do empreendedor, mas também a suas crenças e valores. A pessoa do empreendedor é o principal ativo do negócio, além das pessoas que atrairá para compor a equipe que desenvolverá a empresa com ele. *"O que sei?"* refere-se ao conhecimento e à experiência do empreendedor. Por exemplo, você terá muito mais chances de sucesso ao criar um negócio que requeira conhecimento técnico caso suas áreas de atuação e formação sejam condizentes com esse tipo de negócio. Aliada a isso, deve ser considerada a sua capacidade de gerir o negócio, ou seja, o seu conhecimento administrativo e de gestão. *"Quem conheço?"* refere-se às suas relações interpessoais, à sua rede de contatos. Os empreendedores mais experientes sabem que nutrir e desenvolver a rede de contatos é tão importante quanto qualquer outra atividade do negócio. As pessoas que você conhece ao longo da vida abrem as portas para novas oportunidades e o auxiliam a superar os desafios.

Após responder às três perguntas, o empreendedor deve definir quais são as suas perdas aceitáveis, ou seja, o que ele está disposto a perder. Note que o processo tradicional de planejar para atingir um objetivo não se aplica a esse caso. Mais que pensar no que você quer ganhar, deve-se pensar no que você está disposto a perder. Essa regra pode ser resumida como em uma situação na qual você participa de um jogo em que os resultados são imprevisíveis. O conselho, resumido pelos especialistas Leonard Schlesinger e Charles Kiefer, é que você siga duas regras:

1) Não aposte mais do que você pode esperar como retorno.

2) Não aposte mais do que você está disposto a perder.

De fato, a ideia aqui é que você defina o que está disposto a perder de dinheiro, tempo (ou período sem ganhos, por exemplo), oportunidades no mercado de trabalho (ao se dedicar ao negócio próprio, você fecha as portas para oportunidades de trabalho como empregado, por exemplo) e assim por diante.

Parece simples, mas há bastante risco nessa abordagem. Se não houver comprometimento do empreendedor, a perda que ele definiu como aceitável pode ser maior que o esperado. Como você lidará com situações imprevisíveis, deverá ter alta tolerância a situações ambíguas, incertas, e não terá como prever o futuro, já que não planejou ou não conseguiu planejar.

Como muitos empreendedores têm grande dificuldade de concatenar informações e prever o que ocorrerá no mercado nos próximos anos, acabam por não planejar adequadamente ou não conseguir de fato planejar. O método efectual acaba sendo uma boa alternativa nesses casos, mas lembrando das ressalvas já apresentadas. Há alto grau de risco nesse método, apesar de muito utilizado, mesmo que informalmente, pelos empreendedores.

Em vez de mapear as oportunidades com uma análise de mercado estruturada, o empreendedor cria oportunidades, coloca suas ideias em prática e revê o modelo de negócio a partir da interação com os clientes e o mercado. É o método da tentativa e erro e de prototipagem, que pode funcionar melhor para alguns modelos e tipos de negócio do que para outros. Por exemplo, muitas empresas *startup* de internet utilizam o método efectual, preterindo o planejamento formal por meio de um plano de negócios, pois são mais ágeis assim. O investimento para colocar o *site* no ar geralmente não é grande, e as perdas potenciais para o empreendedor são pequenas. Se a oportunidade realmente existir, em um segundo momento, quando a empresa se desenvolver mais e começar a ter certa estrutura, talvez caiba o planejamento mais formalizado, inclusive por meio de um plano de negócios.

De novo, cabe ressaltar que o método efectual deve ser utilizado em situações nas quais a previsão não é possível ou muito difícil de ser feita. Em vez de desistir, pelo fato de não conseguir prever como serão o mercado e o crescimento do negócio, ou seja, não conseguir analisar cenários para o futuro, o empreendedor deve analisar o que tem em mãos e ir para a prática. Os resultados obtidos moldarão o que será a empresa. Provavelmente, as várias iterações e prototipações acabarão por constituir um negócio bem diferente do inicialmente imaginado pelo empreendedor.

Porém, caso a previsão ou o ato de criar cenários futuros seja possível, adote essa abordagem, já que você terá mais informação em mãos para tomar decisão. O fato é que não existe certo ou errado, e você pode também adotar uma abordagem mista, envolvendo o processo e o método empreendedor. A conceituada escola de negócios americana Babson College, considerada a principal referência mundial em empreendedorismo, resolveu chamar essas abordagens de *Entrepreneurial Thought & Action*, algo como "Pensamento e Ação Empreendedores". O pensamento está muito relacionado com prever e planejar. Já a ação está relacionada com criar e colocar ideias em prática. Uma comparação entre as duas abordagens (processo e método) é apresentada na Tabela 5.1.

Tabela 5.1 Processo *versus* método empreendedor

Processo	Método
Entradas e saídas conhecidas	Um conjunto de técnicas e habilidades
Passos	Ferramentas
Foco na previsibilidade	Foco na criação
Linearidade	Iteratividade
Precisão	Experimentação
Teste	Prática

A Tabela 5.2 apresenta um complemento da análise ao comparar o foco na previsibilidade com o foco na criação.

Tabela 5.2 Previsão *versus* criação

Previsão	Criação
Lógica dedutiva: analisam-se dados para se chegar a possíveis conclusões	É o mais usado por empreendedores seriais (seguem a intuição e colocam as ideias em prática)
Utiliza ferramentas matemáticas e outros métodos analíticos	Utiliza o resultado real da prototipação/tentativa para definir os próximos passos
Lógica central, utilizada em grandes empresas (planejamento de cenários futuros)	O mantra resume-se a "A ação vence qualquer coisa"
Funciona bem quando o futuro pode ser determinado ou extrapolado a partir dos resultados do passado	Funciona bem quando o futuro não pode ser previsto a partir do passado e é a única saída quando se lida com o desconhecido ou o incerto
Causal	Efectual

Praticando

> Previsão *versus* Criação

Um resumo de ambas as abordagens (pensamento e ação) é representado pela Figura 5.2, adaptada da original desenvolvida pela professora Heidi Neck, do Babson College. O Pensamento está mais presente nas grandes empresas e é a base das análises gerenciais. A ação é comum em empresas menores, iniciantes, e nas práticas dos empreendedores seriais.

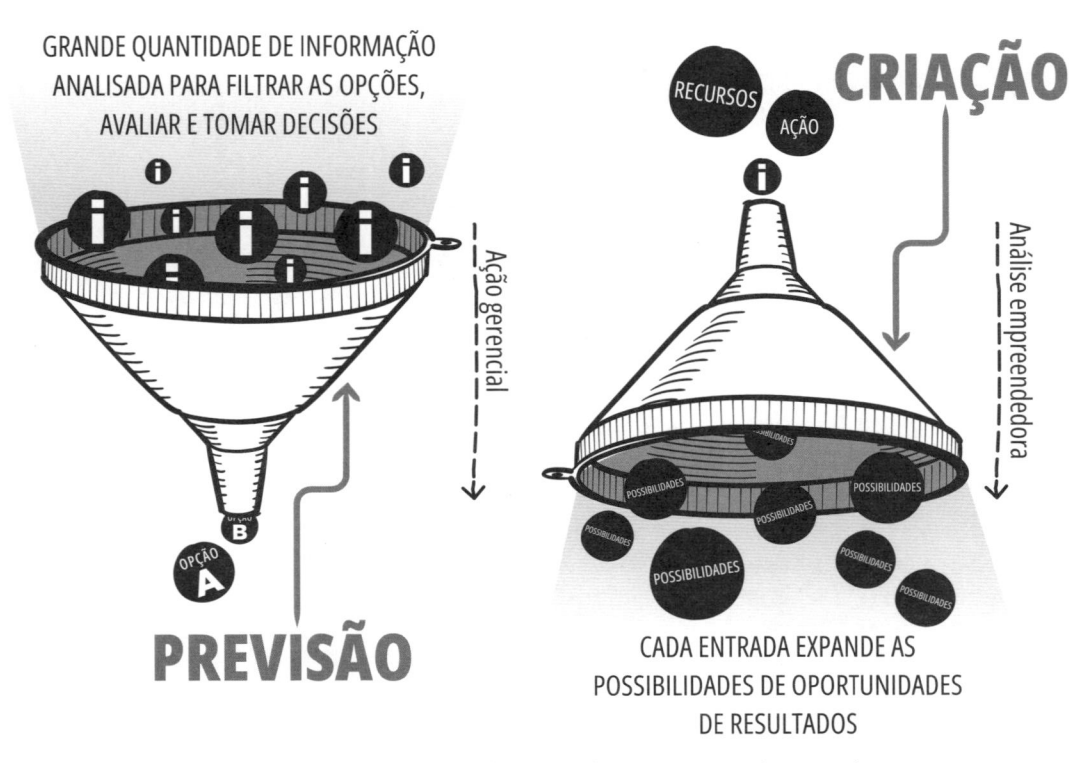

GRANDE QUANTIDADE DE INFORMAÇÃO
ANALISADA PARA FILTRAR AS OPÇÕES,
AVALIAR E TOMAR DECISÕES

PREVISÃO

CRIAÇÃO

CADA ENTRADA EXPANDE AS
POSSIBILIDADES DE OPORTUNIDADES
DE RESULTADOS

Figura 5.2 Pensamento (Previsão) *versus* Ação (Criação).

Essa dinâmica foi desenvolvida por Heidi Neck, do Babson College, tendo como base as pesquisas desenvolvidas por Saras Sarasvathy, e resume as abordagens de previsão (causal) e criação (efectual). Recursos necessários: quebra-cabeça (um jogo de 200 peças para cada quatro a seis participantes); retalhos de pano (várias quantidades, tamanhos, formatos e cores, totalizando pelo menos dez retalhos por participante) e tesouras (uma para cada quatro a seis participantes).

Inicialmente, cada grupo de quatro a seis participantes deve se reunir durante 20 minutos em torno de uma mesa, ou mesmo no chão, para montar o quebra-cabeça. Todos os grupos devem iniciar a montagem ao mesmo tempo. O professor responsável pela disciplina deve acompanhar os grupos para garantir que sigam as regras.

A partir do décimo minuto do início da montagem do quebra-cabeça, o professor deverá levar para outra sala, vazia, um integrante de cada grupo. Cada um receberá um conjunto de retalhos e terá a missão de iniciar o desenvolvimento de uma colcha de retalhos (usando apenas os retalhos e a tesoura).

No 12º minuto, o professor deverá levar mais um integrante de cada grupo que está montando o quebra-cabeça para a sala de retalhos. Esses novos integrantes deverão se juntar aos líderes que já estavam criando uma colcha de retalhos. Não há necessidade de eles se juntarem aos mesmos integrantes que estavam em seu grupo de origem, mas todos os grupos que estão criando a colcha de retalhos devem possuir o mesmo número de integrantes.

Esse processo deve se repetir até que se chegue ao 20º minuto ou quando não houver mais participantes montando um quebra-cabeça.

Quando todos os participantes encontrarem-se reunidos na mesma sala por, pelo menos, cinco minutos criando a colcha de retalhos, o professor deve finalizar a dinâmica. Todos devem então analisar o resultado de suas criações, bem como até onde conseguiram chegar na montagem do quebra-cabeça.

Qual a sua conclusão sobre as duas atividades? Quais abordagens cada uma usa (causal e/ou efectual)? Quando cada abordagem deve ser utilizada pelo empreendedor?

Obs.: No *site* www.josedornelas.com.br, você tem acesso a uma apresentação que resume a dinâmica e as possíveis conclusões, mas procure fazer a atividade antes de ler a apresentação.

5.4 O QUE VEM DEPOIS DA IDEIA DE NEGÓCIO DEFINIDA

Retomando o processo empreendedor, após a ideia de negócio definida (conforme representação da Figura 5.1), há uma nova etapa antes de criar a empresa. Dependendo da abordagem adotada pelo empreendedor, pode-se optar por desenvolver um planejamento estruturado, com previsões e projeção de mercado, receita, custos e despesas, entre outros, o que se resume no plano de negócios tradicional. Já, se o empreendedor não tiver condições de fazer previsões mais detalhadas do futuro e não tiver um objetivo claro a ser atingido, recomenda-se que opte pelo plano de negócios efectual. Ambas as etapas são representadas pela Figura 5.3.

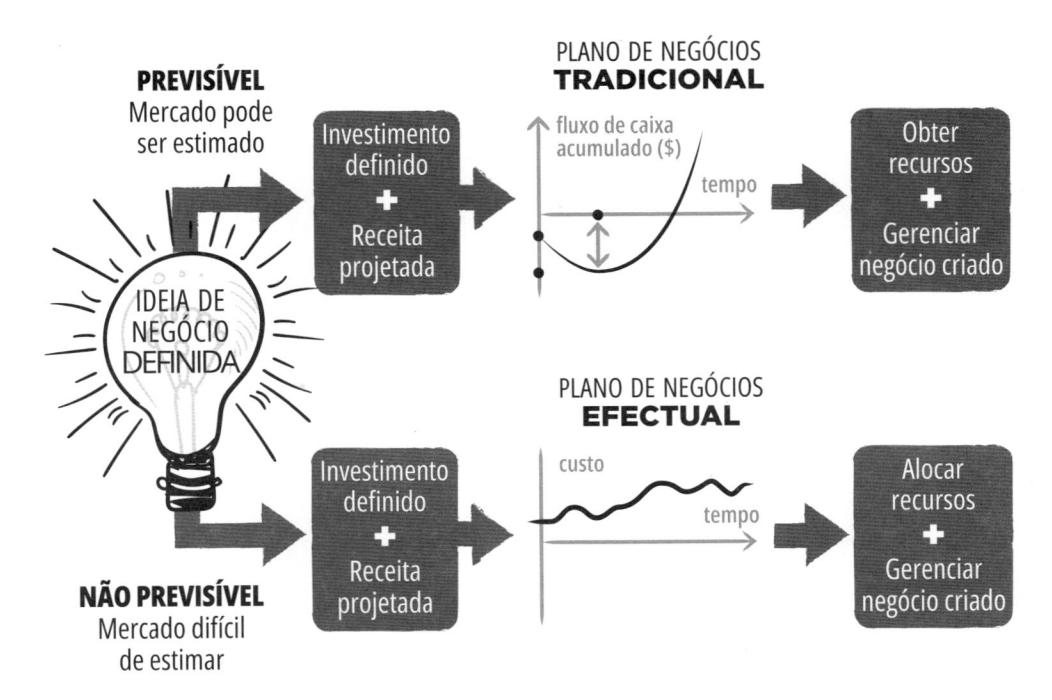

Figura 5.3 O processo empreendedor (Fase 2).

O processo empreendedor apresenta, portanto, dois caminhos possíveis na fase 2. São caminhos distintos, com a mesma finalidade: estruturar o que será o negócio no papel, antes de colocá-lo em prática. Como já mencionado, o caminho 1 é o que foca o planejamento estruturado, e o caminho 2 é o que foca o método efectual, quando não há clareza de onde se quer chegar e o que se recomenda é que o empreendedor tenha definido, pelo menos, o limite de recursos investidos na empreitada, a partir do qual o projeto será abortado ou paralisado até que alternativas viáveis sejam analisadas e aplicáveis.

O caminho 1, percorrido quando se desenvolve um plano de negócios tradicional, envolve o entendimento do que será o negócio, o investimento necessário para tirá-lo do papel e seu potencial de receita e lucros. Por isso, a Figura 5.3 traz a representação do gráfico de fluxo de caixa acumulado, ou exposição do caixa, que permite ao empreendedor identificar visualmente informações financeiras importantes de seu futuro negócio. A explicação de como desenvolver e obter esse gráfico e de como desenvolver um plano de negócios não será apresentada neste livro. Aos interessados em entender em detalhes tais desenvolvimentos, recomenda-se a leitura de *Empreendedorismo, transformando ideias em negócios* e *Plano de negócios – Seu guia definitivo* (informações em www.josedornelas.com.br).

A partir das premissas de mercado identificadas e da estratégia de crescimento adotada pelo empreendedor, pode-se prever, com o auxílio de uma planilha financeira, como serão as prováveis projeções de receita e custos e, como consequência, dos lucros prováveis do negócio. O plano de negócios tradicional proporciona uma maneira estruturada para que o empreendedor simule como será o futuro de seu negócio, o que ajuda a antecipar eventuais problemas, mitigar riscos e capitalizar sobre as oportunidades identificadas. Deve-se ressaltar, no entanto, que mesmo o plano de negócios tradicional mais bem desenvolvido e substancial não garante que a empresa será um sucesso e que todas as definições do plano de negócios tradicional serão executadas, pois não há como assegurar que o planejamento seja realizado à risca e que o mercado se comporte exatamente como o empreendedor considerou no plano de negócios tradicional.

Quando o empreendedor opta pelo caminho 2, na fase 2 do processo empreendedor, nitidamente está preterindo um planejamento mais formal, ou seja, o plano de negócios tradicional não será considerado. Isso ocorre por opção do empreendedor ou por dificuldades de levantar informações de mercado que sustentem um planejamento mais estruturado. Nesse caso, o empreendedor adota uma abordagem mais prática de tentativa e erro. É provável que o empreendedor invista seus próprios recursos e/ou de pessoas de sua rede de contatos, as quais consiga convencer.

Trata-se de um caminho muito utilizado pelos que priorizam a ação, a prática, ou seja, o método efectual. O risco financeiro geralmente não é grande, pois o empreendedor define um teto máximo para investir e a partir do qual aborta ou paralisa o projeto. Como não se tem clareza dos rumos que o projeto tomará, se conseguirá clientes suficientes, se o produto/serviço atende aos anseios dos clientes/consumidores, o empreendedor adota uma abordagem parecida com a prototipagem: coloca um produto não ideal no mercado, sente a reação dos clientes, melhora/modifica/adapta e lança nova versão. Como se nota, não se trata de uma abordagem simples de ser seguida por qualquer tipo de negócio.

Negócios que não têm como ser executados sem um parque fabril preestabelecido, sem uma quantidade mínima de pessoas trabalhando e sem uma quantidade considerável de recursos financeiros não se enquadram nessa abordagem e são mais indicados a seguir o caminho 1. Já negócios que dependem mais do conhecimento e da experiência do empreendedor para serem colocados à prova, que demandem pouco investimento inicial, poucas pessoas envolvidas, pouca ou nenhuma estrutura operacional, processo produtivo, entre outros, podem utilizar essa abordagem com mais chances de sucesso. É o que ocorre com os negócios ou *startups* de tecnologia da informação e que utilizam a internet como meio básico de contato com o mercado e a distribuição do produto/serviço. Muitos empreendedores iniciantes lançam um *website* ou um aplicativo de celular e testam se seu serviço será bem-aceito pelo mercado. De acordo com a reação do teste de realidade ao confrontar sua ideia de negócio com o cliente ou potencial usuário, ele pode ratificar suas premissas ou mudar a concepção do projeto até que se chegue a uma abordagem mais adequada, sempre dentro do que definiu como limitações financeiras para investir no negócio.

Por isso, diz-se não haver um objetivo claro a ser atingido no método efectual. Os resultados dependerão da iteração com o mercado e não podem ser mensurados adequadamente nesse estágio. Ao desenvolver o plano de negócios efectual, o empreendedor está mais preocupado com a alocação dos recursos sob seu controle do que na busca de recursos externos para investir no negócio. O empreendedor naturalmente sonha que o negócio seja um sucesso, fature bastante e dê lucro, mas, nesse estágio, não tem ideia de quais serão os cenários mais prováveis para o futuro da empresa.

O plano de negócios efectual auxilia a organizar a ideia de negócio, definir o recurso mínimo para colocá-la em prática e ainda definir os momentos limítrofes, a partir dos quais o empreendedor deve abortar ou paralisar o projeto/negócio. Esse tipo de abordagem faz com que o negócio geralmente cresça mais devagar no início, já que tem limitações financeiras. Porém, se o modelo de negócio pensado pelo empreendedor for ratificado e bem-aceito pelo mercado, uma nova fase pode surgir para a empresa, possibilitando inclusive a atração de capital externo para acelerar seu crescimento. Nesse momento, é provável que o plano de negócios tradicional seja a ferramenta mais apropriada para planejar a próxima fase futura do negócio.

Finalmente, cabe salientar que as várias etapas e fases do processo empreendedor são uma tentativa de representar de maneira lógica todo o percurso que se inicia no momento em que o empreendedor decidiu empreender uma nova empresa até a sua efetiva criação. Com isso, caso siga os passos aqui sugeridos, ele terá mais chances de sucesso na jornada. Isso não significa que as várias etapas e fases apresentadas são estáticas. Pelo contrário, provavelmente o empreendedor adotará uma abordagem cíclica, que talvez tenha ficado mais evidente no caso do plano de negócios efectual (método empreendedor), mas que ocorre com muita frequência também quando se desenvolve o plano de negócios tradicional. Isso é devido ao fato de não necessariamente se chegar a um resultado interessante, na visão do empreendedor, ao final da confecção do plano de negócios tradicional. O mesmo pode ocorrer quando se desenvolve o plano de negócios efectual, caso o empreendedor perceba que a quantidade de recurso que quer destinar ao negócio não é a mais adequada para testar suas hipóteses no mercado.

Nesses casos, ele retoma o processo do início, revê suas premissas, repensa suas ideias, analisa novamente as oportunidades, faz novas versões do plano de negócios (tradicional ou efectual) até decidir que é chegada a hora de colocar a empresa para funcionar.

Praticando

> ### Executando o processo empreendedor

Para cada uma das ideias a seguir, qual abordagem você adotaria para colocá-las em prática: o processo empreendedor por meio de um plano de negócios tradicional (pensamento) ou de um plano de negócios efectual (ação)? Justifique suas escolhas.

1. Um *website*/app de comércio eletrônico de produtos orgânicos em grandes cidades.
2. Uma empresa de coleta seletiva e reciclagem de lixo.
3. Um restaurante italiano em uma cidade de 200 mil habitantes.
4. Uma empresa de treinamento presencial e *on-line* de gestão para empreendedores.
5. Um app que facilite a vida das pessoas quando precisarem de transporte coletivo em grandes cidades.

6

VIVENCIANDO O EMPREENDEDORISMO

Agora que você já sabe como pensa e age o empreendedor do negócio próprio, cabe colocar em prática um projeto real para vivenciar por completo uma experiência empreendedora voltada à criação de um negócio.

Essa atividade pode ser desenvolvida em vários momentos em um curso de empreendedorismo ou mesmo de maneira independente, para aqueles que não estejam participando de um curso formal. Porém, caso você já tenha tido contato com os assuntos tratados nos capítulos anteriores, estará mais bem preparado para os desafios.

O objetivo desta atividade é praticar o empreendedorismo do negócio próprio e oferecer a oportunidade para que os participantes tenham uma experiência empreendedora completa em um curto período.

Os participantes (sugestão: grupos de três a quatro integrantes) deverão planejar e executar um empreendimento que irá produzir e comercializar algum tipo de comida, bebida ou artesanato. É essencial que exista algum tipo de manufatura, mesmo que simples, para que a atividade não seja apenas relacionada com o processo de compra e venda de produtos, limitando a dinâmica e seus resultados.

Como se trata de uma atividade prática intensa, realizada em poucas horas, a sugestão de comida, bebida ou artesanato é mais adequada, haja vista tratar-se de produtos de fácil desenvolvimento e, geralmente, com um mercado consumidor amplo. Caso o professor ou instrutor responsável pela organização da atividade ache que cabe propor outro tipo de produto final, talvez algo mais inovador, não há problemas, mas deve lembrar que qualquer desafio proposto deve ter uma solução factível. Exemplos de produtos: chocolate, doces, salgados, sucos (limonada), enfeites, presentes, artesanato etc.

Cada grupo deverá também produzir um curta-metragem (de até 5 minutos), usando um *smartphone* e mostrando a experiência empreendedora e os principais momentos da atividade, desde a análise e a seleção das ideias, passando pelo planejamento das ações, a captação de recursos, a fase de execução e implantação do negócio e a compilação dos resultados. O vídeo, depois de editado e finalizado, deverá fazer parte da apresentação que o grupo elaborará para mostrar os resultados da experiência e serve ainda como uma auditoria de toda a experiência, comprovando que os integrantes do grupo realmente participaram e se dedicaram para a obtenção de resultados. Essa abordagem facilita inclusive a avaliação dos resultados pelo organizador da atividade (o professor responsável), uma vez que não será possível ao professor/organizador estar presente durante a execução das atividades de todos os grupos ao mesmo tempo. Por outro lado, sugere-se fortemente ao professor/organizador que faça visitas surpresas aos grupos durante a execução das atividades fora da sala de aula.

Como se trata de uma dinâmica prática e que envolve atividade de campo, fora da sala de aula, deverá ser feita de maneira planejada e em local que permita o desenvolvimento por completo das ações. As regras e o passo a passo da atividade são detalhados a seguir.

6.1 PASSO 1: SELEÇÃO DAS MELHORES IDEIAS

Os participantes da atividade deverão realizar um *brainstorming* (caso não saibam o que é e como fazer um, devem procurar informações a respeito na internet) para fomentar ideias de produtos para a empresa que será criada. Sugere-se que os participantes formem grupos de três a quatro integrantes, mas, dependendo da quantidade de pessoas na turma, esse número pode ser alterado pelo organizador da atividade.

Cada participante deve sugerir, pelo menos, uma ideia de negócio, e cada grupo deve selecionar apenas a ideia mais bem avaliada pelo grupo após cada integrante fazer o discurso de venda de sua ideia. Ao final, um representante de cada grupo deve fazer uma apresentação oral (sem auxílio de *slides*) de 30 segundos, para toda a turma, sobre a ideia de negócio do grupo, seguindo a estrutura do discurso de venda apresentado a seguir. Nesse momento, como ainda se trata de uma ideia, os grupos não devem se preocupar com a obtenção de informações detalhadas sobre a ideia ou sua viabilidade. Todos deverão se embasar mais no seu conhecimento prático do dia a dia, mas, caso tenham acesso à internet para fazer pesquisas sobre o mercado local (seu bairro), podem e devem utilizá-la; porém, devem lembrar que a duração dessa atividade é bastante breve: no máximo, 2 horas.

Duração da atividade: 2 horas (1 hora para discussão e análise das ideias individuais dos integrantes do grupo; 30 minutos para seleção e detalhamento da melhor ideia; e 30 minutos para que o grupo se prepare para a apresentação de 30 segundos).

Métrica de final de atividade: ao final das 2 horas, todos os grupos devem apresentar, em 30 segundos cada um, sua ideia de negócio.

Os participantes podem e devem fazer sugestões, críticas e elogios às ideias dos colegas.

Importante: o responsável pela filmagem de cada grupo deve registrar os principais momentos desse passo da atividade para editar o vídeo completo de toda a experiência ao final.

> **Como vender uma ideia**
>
> A persuasão é uma habilidade comum a muitos empreendedores, e um dos momentos nos quais o empreendedor mais precisa praticá-la é quando deseja convencer as pessoas sobre a viabilidade de sua ideia. Apesar de parecer intuitivo, há como preparar um discurso de venda afinado com os objetivos do negócio e os do interlocutor. Muitos empreendedores partem para essa fase do negócio com afinco e entusiasmo, e são justamente essas características que acabam ajudando a convencer outras pessoas de que vale a pena dar um voto de confiança ao empreendedor. A sugestão é você criar um texto simples como ponto de partida. A partir daí, deverá praticar versões de seu discurso de venda em frente ao espelho, para garantir que está demonstrando confiança e que sabe do que está falando. Um roteiro seria:
>
> *O negócio [nome] trará [listar resultados] para [listar beneficiários], por meio de [listar benefícios]. A equipe responsável é liderada por [especificar o empreendedor líder] e é composta dos seguintes membros-chave [listar pessoas-chave/sócios].*
>
> *O negócio terá início em [data], e os primeiros resultados [mostrar números] serão obtidos em [data]. O investimento total será de [R$], correspondendo às seguintes categorias [listar estrutura de custos].*
>
> *Os recursos que atualmente já temos disponíveis (ou dos quais necessitamos) são de [R$] provenientes de [listar fonte dos recursos/investimentos já conseguidos/alocados]. Os riscos*

> *inerentes ao negócio são [falar dos riscos]. Pretendemos mitigá-los com [mostrar a abordagem para mitigar riscos].*
>
> *Esperamos que o negócio resolva/capitalize [falar do problema ou da oportunidade]. Já temos o planejamento (plano de negócios) aprovado por [listar parceiros, apoiadores etc.]. Nosso desafio será [falar dos momentos de maior desafio], mas pretendemos superá-lo por meio de [mostrar estratégia].*

6.2 PASSO 2: PLANEJAMENTO DA IDEIA SELECIONADA

O planejamento da atividade deverá ser feito em um miniplano de negócios, objetivo, de acordo com o modelo apresentado a seguir. Esse miniplano deve ser desenvolvido pelos grupos em sala de aula, mas seus integrantes podem e devem levantar informações antes ou durante a realização dessa atividade para que o planejamento seja bem estruturado. Caso a atividade de planejamento ocorra, por exemplo, com intervalo de alguns dias do passo 1 (seleção da ideia), uma busca de informações deve ser necessariamente feita pelos integrantes de cada grupo, como trabalho extraclasse, inclusive aplicando uma pesquisa de mercado primária (pesquise na internet o que é e como fazer uma pesquisa primária; exemplos podem ainda ser encontrados em www.josedornelas.com.br) no seu bairro para avaliar a aceitação da ideia selecionada no passo 1. Além disso, sugere-se que os integrantes tenham acesso à internet e à biblioteca da instituição para levantar informações adicionais durante a realização dessa atividade em classe.

Modelo de estrutura do miniplano de negócios

[importante: pesquise na internet os conceitos e os termos que você não conhece]

O negócio [Definição do nome da empresa e descrição da ideia de negócio.]

Mercado-alvo [Descrição do perfil do público consumidor e do potencial de demanda desse mercado, no bairro selecionado pelo grupo.]

O produto [Descrição do produto que será produzido, suas características e/ou benefícios e vantagens competitivas.]

A equipe [Descrição dos integrantes da equipe e seu conhecimento (ou não) sobre o produto que querem produzir e por que acreditam que o negócio será um sucesso.]

Estrutura e operações [Descrição de cada atividade-chave do negócio, quem são os responsáveis, quais recursos serão necessários e como serão obtidos.]

Marketing e vendas [Descrição da estratégia de marketing e vendas do grupo, destacando os 4Ps (produto, preço, praça, propaganda/comunicação) e a projeção de vendas, sabendo que o grupo terá apenas 24 horas ininterruptas para realizar as vendas.]

Finanças [Apresentação do demonstrativo de resultados projetado para o negócio, incluindo investimentos, custos/despesas, receita e lucro, em uma tabela.]

_____
_____
_____
_____
_____
_____
_____
_____
_____
_____

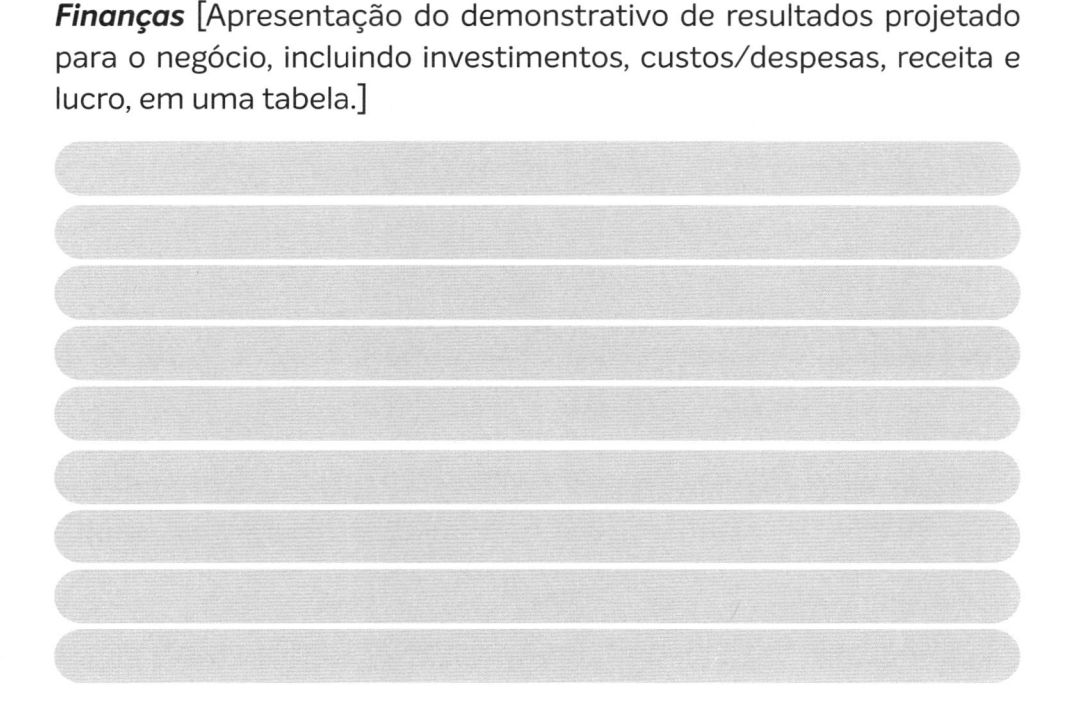

Agora, atente para a estrutura e o conteúdo do exemplo de miniplano de negócios de uma empresa de venda de lanches para universitários, que conta com um orçamento de R$ 300,00.

O negócio

A Lanche VIP produz e vende lanches de três diferentes tipos de queijo (muçarela, prato, tipo minas), acompanhados de presunto, no pão francês ou integral. Além disso, a empresa comercializa suco de laranja ou água, individualmente ou em combos.

Mercado-alvo

A Lanche VIP atuará no bairro da Vila Mariana, em São Paulo, mais precisamente nos arredores das faculdades próximas à estação de metrô Vila Mariana. Estima-se que mais de 30 mil estudantes universitários circulam nessa região, no período noturno, e em torno de 10 mil, no período diurno. Nosso foco serão principalmente os estudantes do período noturno, uma vez que muitos saem do trabalho e vão direto para a faculdade e, antes de iniciar as aulas ou nos intervalos, costumam aglomerar-se nos arredores da faculdade para comprar lanches em padarias, lanchonetes, com vendedores ambulantes, entre outros. Acreditamos que nossa oferta atenderá a este mercado de maneira adequada, mesmo havendo vários concorrentes que já atuam no setor.

O produto

Teremos três tipos de lanches, pré-embalados em plásticos transparentes, lacrados com selo de qualidade da Lanche VIP, de maneira que o consumidor consiga atestar visualmente a qualidade do produto, algo que nos diferencia dos concorrentes.

Lanche 1: queijo muçarela + presunto (pão francês ou integral).

Lanche 2: queijo prato + presunto (pão francês ou integral).

Lanche 3: queijo de Minas + presunto (pão francês ou integral).

Além disso, teremos suco de laranja em caixinha de 300 mL e água mineral em garrafa de 500 mL.

Os lanches serão vendidos a R$ 4,00. O preço do suco e da água será de R$ 2,00. O combo (lanche + bebida) terá preço de R$ 5,00.

A equipe

Os empreendedores da Lanche VIP são Janaina Souza Silva, João Colmeia, Bruno Azauri e Nilmar Coutume. Todos já trabalharam no comércio, como funcionários ou estagiários, e Janaina tem habilidades culinárias, o que será de extrema importância na produção e garantia de qualidade dos nossos lanches. João e Bruno possuem boas habilidades de comunicação e serão os responsáveis pelas negociações com fornecedores e, principalmente, pelo processo de venda. Nilmar será o responsável pelas finanças do negócio, garantirá que nosso planejamento seja executado conforme o previsto e fará as filmagens. Acreditamos que a equipe tem um perfil complementar, o que será um grande diferencial para o nosso sucesso.

Estrutura e operações

Os principais processos serão: a) compras de matéria-prima; b) produção dos lanches; c) embalagem dos lanches; d) transporte e armazenagem dos lanches nos pontos de venda; e) vendas; e f) gestão financeira.

Os processos a, d e e serão de responsabilidade de João e Bruno. O orçamento utilizado na compra das matérias-primas será de R$ 300,00. Os processos b e c serão de responsabilidade de Janaina, mas todos ajudarão. Os recursos utilizados, além da matéria-prima, serão a cozinha e utensílios do apartamento onde mora Juliana. O processo f será de responsabilidade de Nilmar, que ainda será o responsável pelas filmagens. Não haverá recursos adicionais na realização deste processo. O stand será feito com material da república onde moram João e Bruno.

Marketing e vendas

A Lanche VIP terá como diferencial competitivo a oferta de lanches frescos de qualidade e apresentação profissional.

Nosso preço será um pouco acima da média da concorrência. Porém, acreditamos que o diferencial de qualidade e nosso discurso de venda serão efetivos na atração de consumidores que buscam algo diferenciado das ofertas costumeiras do dia a dia.

Atuaremos estrategicamente, em um stand simples, mas com aparência profissional, a metros da entrada de, pelo menos, uma grande faculdade localizada na região do metrô Vila Mariana.

Nossas abordagens para atrair consumidores serão o boca a boca e nossa persuasão diferenciada, bem como um cartaz colorido para chamar a atenção.

Estimamos vender, no período de uma noite, pelo menos 50 lanches, 50 combos e 50 bebidas, perfazendo um faturamento de R$ 550,00 e uma participação de mercado de 0,5% (150 clientes). Caso nossa meta não seja atingida, utilizaremos o tempo restante da atividade para vendas complementares na manhã do dia seguinte.

Finanças

Receita total => .... R$ 550,00
Custos de matéria-prima
100 pães => .... R$ 30,00
2 kg queijo muçarela => .... R$ 40,00
2 kg queijo prato => .... R$ 40,00
2 kg presunto => .... R$ 50,00
1 kg queijo de minas => .... R$ 20,00
Sacos plásticos => .... R$ 8,00
Etiquetas => .... R$ 8,00
50 garrafas de água => .... R$ 50,00
50 sucos de laranja => .... R$ 50,00
Cartaz => .... R$ 4,00
Total de custos => .... R$ 300,00
Lucro => .... R$ 250,00

No exemplo apresentado, o orçamento foi de R$ 300,00 para o grupo da Lanches VIP. No entanto, não se deve usar como referência esse valor, uma vez que tal dinâmica pode ser desenvolvida com orçamentos bem menores, até inferiores a R$ 50,00. Mais importante que o montante de recursos investidos, é a experiência em si e quanto o grupo consegue gerar de valor, ou seja, criar algo lucrativo que multiplique o recurso financeiro investido. Como sugestão, o responsável por organizar a atividade pode estipular um orçamento máximo aos grupos; por exemplo, R$ 50,00 ou outro valor que ache mais adequado.

Duração da atividade: 4 horas (3 horas e meia para o desenvolvimento do miniplano escrito, seguindo as regras apresentadas; 30 minutos para todos os grupos apresentarem seus miniplanos de negócios, em até 5 minutos por grupo). Caso a turma tenha mais de seis grupos, o tempo para as apresentações deve ser recalculado de modo que a atividade total tenha 4 horas, e as apresentações não ultrapassem 5 minutos por grupo. Caso não seja possível reunir todos em sala por 4 horas seguidas, pode-se adaptar a duração total da atividade para 3 horas ou até menos. Porém, será um pouco mais desafiador que todos os grupos concluam os planejamentos a tempo.

Métrica de final de atividade: cada grupo deve desenvolver o miniplano de negócios no próprio livro e apresentá-lo ao final das 4 horas para o professor ou responsável pela organização da atividade.

Importante: o responsável pela filmagem de cada grupo deve registrar os principais momentos desse passo da atividade para editar o vídeo completo de toda a experiência ao final.

O próximo passo dessa atividade é bastante desafiador, pois envolve angariar recursos, ou seja, obter o investimento inicial para executar o que se planejou.

6.3 PASSO 3: ANGARIAR RECURSOS

O mais simples para conseguir o orçamento definido no planejamento seria cada integrante do grupo contribuir com um montante financeiro. Porém, essa deve ser a última alternativa, utilizada apenas caso os grupos não consigam outras fontes de recursos. Cabe dizer ainda que nem todo integrante de grupo pode ter condições financeiras ou desejo de contribuir com o próprio dinheiro para a atividade e que isso inviabilizaria toda a dinâmica. Dessa forma, a melhor estratégia para a realização desse passo é que cada grupo busque recursos externos.

Essa dinâmica tem sido aplicada com sucesso em diversos públicos, e o que tem se mostrado uma estratégia efetiva na captação de recursos é a abordagem, pelos integrantes do grupo, de pessoas do círculo de relacionamento, como empreendedores locais (comerciantes, entre outros), familiares, amigos, conhecidos etc. O discurso de venda criado no passo 1 pode ser adaptado ou utilizado integralmente para convencer os "investidores" a doar ou emprestar o investimento inicial, tendo a promessa de que será ressarcido ao final, incrementado de todo ou parte do lucro auferido, caso o negócio seja bem-sucedido.

Outra estratégia efetiva é prometer (e, naturalmente, cumprir a promessa) que todo o resultado positivo do negócio seja doado a uma entidade filantrópica da região, como uma casa de repouso, de auxílio a crianças, idosos e similares. A filantropia é uma forma de praticar o empreendedorismo social. A atividade permitirá ainda aos participantes contribuir para o desenvolvimento social e não apenas econômico de sua comunidade.

As estratégias mais usuais são as apresentadas aqui, mas cabe a cada grupo definir a sua própria estratégia de captação de recursos para angariar o montante necessário antes de colocar a empresa em funcionamento.

Duração da atividade: 24 a 48 horas (trata-se de uma atividade de campo, e todos os grupos deverão ter, no máximo, dois dias para angariar os recursos). Ao concluir a atividade de planejamento (passo 2), o professor/organizador apresentará o prazo para que todos os grupos captem os recursos necessários. A confirmação da captação dos recursos por grupo pode ser feita por *e-mail* (ou mesmo por um relatório impresso) enviado ao organizador, descrevendo, em no máximo cinco linhas, como conseguiu o recurso, quem são os investidores e quanto cada investidor colocou no negócio. Caso o organizador considere adequado, o prazo pode ser estendido além de 48 horas.

Porém, a experiência prévia de realização dessa dinâmica mostra que prazos acima de 1 semana deixam de ser efetivos para que tal passo seja realizado.

Métrica de final de atividade: cada grupo deve entregar uma declaração de confirmação de captação dos recursos para o professor/organizador dentro do prazo estipulado.

Importante: o responsável pela filmagem de cada grupo deve registrar os principais momentos desse passo da atividade para editar o vídeo completo de toda a experiência ao final.

6.4 PASSO 4: EXECUÇÃO

Finalmente, é chegado o momento da execução de todo o planejamento realizado. Esse passo pode ser feito tanto durante a semana quanto em finais de semana. O dia exato da execução deve ser definido levando em consideração a agenda dos participantes, do organizador, do mercado local (feriados e dias menos viáveis para praticar vendas, por exemplo, devem ser evitados).

O importante é que todos se reúnam em sala de aula com o planejamento em mãos, recursos captados e com o aval do organizador para que saiam às ruas para executar o que planejaram. Todos ao mesmo tempo!

Naturalmente, pode haver grupos que disputam o mesmo mercado e que concorram entre si. Por isso, todos devem sair a campo ao mesmo tempo para que concorram em igualdade de condições. Nenhum grupo poderá antecipar o processo produtivo e de vendas antes que o professor/organizador dê seu aval final para que o passo 4 ocorra.

Assim, com o aval, cada grupo deverá produzir o que planejou e colocar em prática suas estratégias de marketing e vendas para atingir as metas definidas.

O professor/organizador deverá ser informado dos pontos de venda e horários que cada grupo estará vendendo. Com isso, poderá fazer uma auditoria (caso seja viável e sua agenda permita), visitar os grupos nesses pontos de venda e observar *in loco* a experiência que cada um está vivenciando.

Uma alternativa é definir momentos de verificação, nos quais cada grupo deverá contatar o professor/organizador por telefone, em horário pré-agendado, para informar a situação e o *status* da execução até aquele momento. Nesse caso, os grupos deverão informar não só o *status* das atividades, mas também relatar eventuais problemas ocorridos, as soluções encontradas para os problemas, o resultado obtido até o momento e os passos seguintes, bem como os planos de contingência caso sejam necessários.

Duração desta atividade: 24 horas (novamente, trata-se de uma atividade de campo, e todos os grupos deverão ter no máximo 24 horas para realizá-la). Nesse caso, não deve haver exceção, pois o objetivo maior de toda a atividade é mostrar que, em 24 horas, pode-se fazer muito e ainda aprender a essência do que é empreender.

Métrica de final de atividade: cada grupo deve comparecer em sala no horário estipulado pelo professor/organizador, que deverá coincidir com o final das 24 horas da execução.

Importante: o responsável pela filmagem de cada grupo deve registrar os principais momentos desse passo da atividade para editar o vídeo completo de toda a experiência ao final.

6.5 PASSO 5: COMPILAR RESULTADOS

No retorno à sala após as 24 horas de execução, todos os grupos deverão apresentar-se com todos os integrantes e as informações necessárias para a compilação dos resultados (dados de vendas e os trechos de vídeo já editados). Esse será o passo mais objetivo e breve, pois os participantes terão apenas 1 hora para concluir a apresentação final, feita na sequência. Essa apresentação poderá ser em *slides* ou outro formato que o grupo ache adequado e terá duração máxima de 15 minutos por grupo, incluindo o tempo de apresentação do vídeo (máximo de 5 minutos).

A apresentação deve sintetizar toda a atividade e todos os passos realizados até então, ou seja, cada grupo deverá contar todo o desafio vivenciado desde o planejamento até a execução.

Deve-se comparar o planejado com o executado, mostrar a conclusão do grupo sobre a experiência empreendedora, destacando os poderes empreendedores praticados (como discutido no Capítulo 2), e ainda apresentar os resultados obtidos comparando com o que foi planejado (metas × resultados).

Duração da atividade: 1 hora. O professor/organizador deverá auxiliar os grupos, revisando suas apresentações finais para que todos tenham em mãos o material da apresentação ao final dos 60 minutos desse passo.

Métrica de final de atividade: todos os grupos devem ter concluído todo o material que será utilizado na apresentação (dados descritivos, resultados financeiros, conclusões e o vídeo já editado).

Importante: a partir desse passo, já não há mais filmagem.

6.6 PASSO 6: APRESENTAÇÃO DOS RESULTADOS

Sugere-se que as apresentações sejam realizadas logo após o passo 5. Caso isso não seja viável, cabe agendar para outro dia/horário, mas sem que haja alteração do conteúdo trabalhado naquele passo.

Os critérios de avaliação de cada apresentação devem considerar os seguintes itens:

- Capacidade de planejamento
- Capacidade de execução

- Capacidade de executar o que foi planejado (planejado × executado)
- Filme contando a experiência empreendedora
- Apresentação.

O formulário a seguir pode ser usado como referência para as avaliações. Como sugestão, todos os grupos devem avaliar os grupos dos colegas (mas não a si próprios) e ainda deve haver a avaliação do professor/organizador.

Tabela 6.1 Formulário de avaliação dos grupos da atividade "*Vivenciando o empreendedorismo*"

1) Atribua notas de 1 a 5, sendo: 1 = insuficiente; 2 = fraco; 3 = regular; 4 = bom; 5 = excelente, para cada um dos atributos utilizados na avaliação das apresentações de seus colegas.

2) Para cada apresentação, some as notas de todos os atributos e divida o total por 5 para obter a nota final de cada grupo avaliado.

Grupo	1	2	3	4	5	6
Capacidade de planejamento (abordou todos os tópicos solicitados)						
Capacidade de execução (soube aproveitar a experiência para praticar os poderes empreendedores)						
Capacidade de executar o que foi planejado (o executado foi próximo ao que a equipe havia planejado)						
Filme contando a experiência empreendedora (mostrou os momentos importantes da experiência)						
Apresentação (abordou os tópicos solicitados, contou como foi a experiência)						
NOTA FINAL						

Caso seja possível, recomenda-se que o grupo mais bem avaliado receba algum prêmio ou certificado de vencedor da dinâmica.

Além da avaliação dos grupos, o professor/organizador deve solicitar a cada um dos participantes, individualmente, que apresente sua avaliação pessoal acerca dos poderes empreendedores praticados durante a dinâmica. Essa nota também deverá ser de 1 a 5 e avaliará seu próprio desempenho referente a cada um dos dez poderes empreendedores citados no Capítulo 2, com a devida justificativa para cada nota.

Trata-se de uma autoanálise e espera-se que cada participante seja o mais sincero possível quanto a seu desempenho pessoal. Essa informação é individual e não precisa ser compartilhada. Cabe lembrar que não existe empreendedor ideal e que todas as pessoas possuem tanto pontos fortes quanto fracos. O objetivo da avaliação é permitir que os participantes tenham uma visão mais clara sobre o próprio comportamento empreendedor e, com isso, possam criar um plano empreendedor pessoal de desenvolvimento.

Essa avaliação deverá ser feita no próprio livro, na Tabela 6.2 a seguir, após a conclusão do passo 6, e apresentada em até 1 semana ao professor/organizador. O formulário para a avaliação deve ter o seguinte formato:

Tabela 6.2 Formulário de avaliação individual da atividade *"Vivenciando o empreendedorismo"*

Poder Empreendedor

Nota [1 a 5] e justificativa [máximo de três linhas por poder]

Bom de papo   **Nota** ⬭

Detetive

Nota

Inventor

Nota

Joga pro time

Nota

Líder

Nota

Mão na massa

Nota

Plano Infalível

Nota

Se vira sozinho

Nota

Transformador

Nota

Visionário

Nota

6.7 OBSERVAÇÕES FINAIS RELEVANTES E LIMITAÇÕES DA ATIVIDADE

É importante deixar claro que não se tem o objetivo de gerar uma atividade econômica real com essa dinâmica, haja vista que, para isso, seria necessário formalizar o negócio e seguir todos os requisitos previstos na legislação brasileira. A atividade pode ter como resultado final tanto a obtenção de lucro quanto prejuízo. Por isso, a quantidade de recursos utilizada é sugerida para ficar em um patamar mínimo aceitável, evitando prejuízos individuais ou que onere o bolso dos participantes. A sugestão de filantropia é feita uma vez que todos aprendem a retribuir para a sociedade o resultado alcançado, praticando também o empreendedorismo social.

O responsável pela atividade (o professor ou organizador da atividade) pode promover variações para atender ao público-alvo e seus objetivos de curso e aprendizado, tais como realizar os vários passos em semanas subsequentes ou até mesmo todos em um único dia ou fim de semana, definir o tipo de produto ou produtos que não podem ser produzidos e assim por diante. Cabem aqui a criatividade e a adaptação para a realidade local. Um cuidado importante ao se trabalhar com produtos alimentícios no mundo real dos negócios é a necessidade de adequação aos quesitos de vigilância sanitária e garantia de qualidade do que se vende.

Essa atividade é realizada de maneira informal, já que o objetivo é a aprendizagem, não a aferição de lucro. Por isso, não são considerados aspectos relevantes de um negócio formalmente constituído, como o pagamento de impostos, tributos e demais requisitos jurídicos. Porém, caso os participantes decidam que vale a pena levar à frente suas ideias após a dinâmica, deve ficar claro a todos que tais negócios devem ser estruturados formalmente, de acordo com a legislação brasileira. Vale lembrar ainda que, por se tratar de uma dinâmica prática, não foram considerados custos e despesas relevantes a qualquer negócio, tais como salários, encargos etc. Em síntese, a atividade proporciona uma simulação, que apresenta limitações sobre o ambiente do negócio próprio, com o intuito de permitir aos participantes a prática de suas habilidades empreendedoras.

7
PLANO EMPREENDEDOR PESSOAL

O Plano Empreendedor Pessoal (PEP) é o seu planejamento para os projetos futuros relacionados com o empreendedorismo que você sonha concretizar. O PEP serve de base para você pensar de maneira estruturada e definir suas estratégias pessoais para atingir seus objetivos profissionais.

Muitas pessoas não dão a devida atenção ao PEP e nunca realizaram um, mas quem passa pela experiência de colocar no papel seus anseios e sonhos e tenta traduzi-los em objetivos acaba por criar um guia íntimo e individual com o qual passa a se comprometer. Isso ajuda não só a pensar o futuro de maneira estruturada, mas a entender com mais clareza quais são as possibilidades ou caminhos a seguir.

O fato de desenvolver um PEP não lhe garantirá a sua concretização conforme o previsto. O fato de planejar não garante o sucesso, mas auxilia você (empreendedor) a ter um norte a seguir. Por isso, o

PEP é extremamente útil àqueles em busca de respostas sobre seu futuro profissional como empreendedor. Por meio do PEP, você pode identificar caminhos que o levarão ao empreendedorismo do negócio próprio, ao empreendedorismo social, corporativo, enfim, a várias possibilidades para o seu desenvolvimento profissional.

Como seu direcionamento é feito para questões relacionadas com o empreendedorismo, você pode e deve complementar o PEP com *coaching* (processo de desenvolvimento pessoal e profissional com o auxílio de um orientador) ou outras técnicas de desenvolvimento pessoal e profissional.

Outro aspecto importante a se ressaltar é a definição de prazos para tentar colocar em prática o que se desenvolve no PEP e, ainda, criar o hábito de revisá-lo periodicamente, por exemplo, a cada 6 meses ou 1 ano. A cada período predefinido ou quando um acontecimento relevante impacta a sua vida (novo emprego, nova empresa, mudança de cidade, casamento, filhos etc.), o PEP deve ser atualizado, modificado ou adaptado de acordo com os novos cenários de sua vida pessoal e profissional.

Muitas pessoas talvez nunca precisem desenvolver um PEP para serem empreendedores de sucesso, mas ele pode ajudar aqueles que buscam respostas às dúvidas sobre o caminho a seguir e sobre seu futuro. Esse grupo não é pequeno, apesar de muitos de seus integrantes não se sentirem à vontade em exteriorizar o desconforto em lidar com o futuro. A ideia que permeia o desenvolvimento do PEP não é tentar prever o futuro, mas direcionar suas energias e esforços para aquilo no qual você acredita. A partir daí, com comprometimento e trabalho árduo, você terá respostas positivas ou não às suas dúvidas do presente.

Aqueles que não se preocupam com o futuro ou preferem não tentar direcionar suas ações para objetivos mais claros, com certeza não terão aproveitamento algum com o desenvolvimento do PEP. Porém, esse plano pode ser de extrema efetividade aos que acreditam no planejamento como base para atingir os seus objetivos.

Para exemplificar, o PEP pode envolver não só objetivos como a criação de um novo negócio, mas também a conclusão de etapas importantes de sua vida profissional, como uma pós-graduação, um curso ou estágio no exterior, a entrada em uma universidade concorrida, a obtenção de uma vaga como empreendedor corporativo em uma empresa inovadora e admirada; enfim, você definirá os seus objetivos.

Para isso, o primeiro passo é saber o que você sonha, o que quer para o seu futuro, conhecer os seus pontos fortes e fracos e traçar uma estratégia para atingir objetivos e metas que o levem a concretizar seus sonhos. Note que o sonho muda, evolui, acaba, nasce de novo. Por isso, o PEP pode ser usado em qualquer fase da vida, uma vez que, quando um sonho se concretiza, novos surgirão; quando um sonho se mostrar inviável, novos o substituirão. Essa é a síntese de empreender: fazer acontecer realizando sonhos. E, a cada conquista, novos desafios surgirão.

O PEP é estruturado em partes:

a) Qual é o seu sonho?

b) Quem você é?

c) Transformação do sonho em objetivos e metas.

Ao concluir cada parte do PEP, você se conhecerá melhor. Porém, é importante lembrar que o Plano não é concluído ao finalizar a Parte C, descrita adiante. Trata-se de um processo, não de um fim em si mesmo. Não basta apenas concluir o PEP e esquecer a experiência. O desenvolvimento do PEP pode levar dias, semanas e até meses. O importante é o aprendizado ao longo da jornada de seu desenvolvimento. E ainda, você deve se lembrar de que o PEP é um documento dinâmico, que muda quando as premissas de seu ambiente mudam ou quando você decidir que é o momento de revisá-lo. Com isso em mente, é chegada a hora de desenvolver o passo a passo de seu PEP.

7.1 SONHAR É IMPORTANTE

A Parte A do PEP – *Qual é o seu sonho?* – talvez seja a mais difícil de definir. Aparentemente, trata-se de algo simples, mas não é. Muitas vezes, as pessoas não sabem o que querem, não sonham e levam a vida sem maiores ambições ou preocupações futuras. Não há nada de errado nisso, mas, ao se observar o empreendedor típico, essa é uma característica comum aos que fazem acontecer: a capacidade de sonhar e acreditar no sonho.

Muitas pessoas não têm um sonho, o que as deixa inquietas, insatisfeitas e até desmotivadas. Se esse for o seu caso, o primeiro passo antes de definir o sonho (ou sonhos) é descobrir o que o motiva e o que o deixa desmotivado.

É fácil dizer, sem se preocupar com as consequências, que você gosta ou não gosta de certas atividades. Porém, a motivação que leva a um sonho duradouro precisa ser muito mais forte que um desejo momentâneo. Um exemplo é o de um jovem que recebe um convite de outro colega para se associar à criação de uma empresa. Se o jovem tiver a autonomia e o desejo de fazer algo à sua maneira como forte motivação, é provável que se sinta tentado a rapidamente aceitar o convite. Porém, muitas vezes, ao se deparar com os detalhes do negócio, das atividades do dia a dia, do relacionamento com o futuro sócio etc., essa motivação pode rapidamente se transformar em desânimo ou decepção. Se você não tentar, não saberá o resultado. Porém, antes de tomar a decisão, procure entender o que de fato está buscando, o que quer fazer e os caminhos disponíveis para você percorrer. As perguntas dos formulários a seguir o ajudarão a organizar suas ideias e a tentar chegar a essa autodescoberta.

O que você gosta de fazer?

O que o motiva? Por que você se sente motivado e com energia quando realiza essas atividades? Procure listar atividades de trabalho e lazer que lhe proporcionam maior satisfação pessoal, sensação de prazer e energia

Atividades e situações que lhe proporcionam satisfação	Motivos que o levam à sensação de prazer e energia

O que você não gosta de fazer?

O que o desmotiva? Por que você se sente desmotivado e sem energia quando realiza essas atividades? Procure listar atividades de trabalho e lazer que lhe proporcionam maior insatisfação pessoal, sensação de desânimo e falta de energia

Atividades e situações que lhe proporcionam insatisfação	Motivos que o levam à sensação de desprazer e falta de energia

Agora liste, em ordem crescente (da maior para a menor), as atividades que mais lhe proporcionam satisfação e motivação e as que mais lhe desmotivam.

Atividades que mais lhe trazem satisfação	Atividades que mais lhe trazem insatisfação
1	1
2	2
3	3
4	4
5	5

Observe o *ranking* da tabela anterior e reflita sobre o resultado das duas colunas e o impacto que isso pode trazer para o seu futuro profissional.

Imagine-se daqui a dez anos vivendo um mês ideal e descreva, no espaço a seguir, qual seria essa sensação. Inclua em sua descrição seus desejos relacionados com os estilos de vida e trabalho, renda, relacionamento com amigos, saúde, família, entre outros.

Um mês ideal (daqui a dez anos):

Liste dez ideias ou negócios com os quais você acredita que gostaria de se envolver nos próximos dez anos, como sócio, funcionário ou mesmo voluntário. Não se limite ao que está sob seu controle ou ao que pode parecer mais fácil de implementar. Busque listar as ideias e os negócios com os quais você acredita ter a maior afinidade possível, mesmo não tendo experiência ou conhecendo em detalhes cada um deles.

Ideias e/ou negócios de que gosto
1
2
3
4
5
6
7
8
9
10

Por que você acredita que gosta de tais negócios? Liste a seguir os atributos que considera mais atrativos em cada um dos negócios citados na tabela anterior. Exemplos de atributos (não se limite a esses): setor da economia, inovação, facilidade de implantação, potencial de crescimento, relação com minha formação profissional, tipo(s) de cliente (grandes empresas, pequenas empresas, pessoa física etc.), estabilidade mesmo em momentos de crise, potencial de enriquecimento pessoal, visibilidade/*status*, potencial de desenvolvimento social e econômico, retorno/contribuição à sociedade, ajuda ao próximo, impacto no mundo, geração de empregos, autonomia, o fato de depender de poucas pessoas ou poucos funcionários, ambiente de trabalho, localização geográfica, flexibilidade de horário, atividades desafiadoras, pouco risco, risco calculado, experiência anterior na área, relacionamentos (*networking*) proporcionados, sustentabilidade etc.

Ideias e/ou negócios de que gosto	Atributos atrativos de cada ideia/negócio
1	
2	
3	
4	
5	
6	
7	
8	
9	
10	

Selecione da tabela anterior os três atributos que você mais citou, considerando todas as ideias e os negócios, independentemente de quais sejam. Conclua a frase a seguir considerando esses atributos.

"Eu gostaria de criar.. [descreva um negócio/ONG/projeto etc.] um dia, porque acredito que me traria ....
....
[liste as motivações e a satisfação], e, com isso, poderei ....
....
....
.... [liste possíveis realizações advindas da criação]."

Vislumbre mentalmente esse momento futuro e comece a sonhar com a possibilidade de sua realização em uma atividade empreendedora, seja do negócio próprio, empreendedorismo corporativo, social, público ou outra qualquer. Caso seu sonho já esteja claro, utilize o roteiro sugerido para ratificá-lo. Caso você não queira criar algo do zero, mas se envolver de maneira comprometida com algo criado por outras pessoas, modifique o início da frase anterior para: "Eu gostaria de me envolver…".

Outras considerações

Imagine que você tivesse R$ 1 mil para comprar todos os itens a seguir com o intuito de utilizá-los na criação de um negócio (próprio/corporativo/ONG ou afins). Como você alocaria o dinheiro? Por exemplo, o item mais importante deve receber a maior quantidade. Você pode não gastar nada em alguns itens, gastar uma quantia igual em outros, e assim por diante. Depois que você alocar os R$ 1 mil, classifique os itens em ordem de importância, sendo o mais importante o número 1. Reflita sobre quais são as implicações dessa classificação para a frase que você criou anteriormente. Você mudaria algo?

Item		Parcela dos R$ 1mil	Classificação
Localização geográfica do negócio que vou criar			
Estilo de vida e de trabalho			
Padrão de vida (recursos financeiros pessoais)			
Desenvolvimento pessoal (conhecimento, cultura, relacionamentos etc.)			
Status e prestígio			
Sustentablidade e meio ambiente			
Outras considerações			

7.2 CONHEÇA AS SUAS COMPETÊNCIAS EMPREENDEDORAS E GERENCIAIS

A Parte B – *Quem você é?* – trata de buscar o autoconhecimento, sempre relacionado com as atitudes e motivações empreendedoras. Novamente, essa parte pode ser complementada por outras técnicas de desenvolvimento pessoal e profissional.

A seguir, busque analisar cada um dos atributos listados para fazer uma autoavaliação sincera sobre o que você considera suas forças e fraquezas. Lembre-se: todos temos fraquezas, e nem sempre o que consideramos uma força é visto da mesma forma pelas pessoas com as quais nos relacionamos. Note que, nesse instrumento, busca-se entender em detalhes vários aspectos de seu comportamento e competências ligados ao ato de empreender. Você pode ainda utilizar o aprendizado com as oficinas do Capítulo 3 e os poderes empreendedores identificados para auxiliar na análise.

Atribua notas de 1 (mais fraco) a 5 (mais forte) para suas atitudes, comportamentos e conhecimento.

Compromisso e determinação	Nota
Capacidade de decisão	
Tenacidade	
Disciplina	
Persistência para resolver problemas	
Disposição para se sacrificar	
Imersão total na missão	

Coragem	Nota
Força moral	
Ausência de medo de conflitos e fracassos	
Intensa curiosidade ao enfrentar um risco	

Obsessão pela oportunidade	Nota
Iniciativa para moldar a oportunidade	
Conhecimento das necessidades dos clientes	
Atenção às necessidades do mercado	
Obsessão pela criação de valor	

Tolerância ao risco, à ambiguidade e à incerteza	Nota
Assume riscos calculados	
Mitiga o risco	
Compartilha o risco	
Tolera a incerteza e a ausência de estrutura	
Tolera o estresse e o conflito	
Capaz de resolver problemas e integrar soluções	

Criatividade, autossuficiência e adaptabilidade	Nota
Pensa "fora da caixa", busca soluções inusitadas	
Impaciente com o *status quo*	
Capacidade de se adaptar	
Ausência de medo do fracasso	
Capacidade de entender os detalhes	

Motivação para se destacar	Nota
Orientação para objetivos e resultados	
Vontade de realizar e progredir	
Baixa necessidade de *status* e poder	
Percepção de seus pontos fracos	

Liderança	Nota
Proatividade	
Autocontrole e resiliência	
Integridade e confiabilidade	
Paciência para ouvir	
Habilidade na formação de equipes	
Capacidade de inspirar a sua visão na equipe	

Resuma seus principais pontos fortes e fracos (competências empreendedoras).

Pontos fortes (notas 4 e 5): ....

....

....

....

Pontos fracos (notas 1 e 2): ....

....

....

....

Agora, atribua notas de 1 (mais fraco) a 5 (mais forte) para as suas competências administrativas e gerenciais de uma empresa. Note que muitas habilidades e competências administrativas dependem de conhecimento específico, experiência, entre outros, o que a maioria dos empreendedores mais jovens não possui. Por outro lado, ao conhecer os seus diferenciais e ter a consciência do que precisa saber com mais propriedade para se tornar um empreendedor mais preparado para os desafios, maiores serão suas chances de sucesso, caso coloque em prática o seu PEP.

Marketing	Nota
Vendas em *marketplaces*	
Pesquisas de mercado	
Planejamento de marketing	
Precificação de produtos	
Administração de vendas	
Mala direta	

Marketing	Nota
Telemarketing	
Otimização para ferramentas de busca na internet	
Serviço/suporte ao cliente	
Administração de distribuição	
Administração de produtos	
Planejamento de novos produtos	
Operações/produção	
Administração de produção	
Controle de estoque	
Análise e controle de custos	
Controle de qualidade	
Cronograma e fluxo de produção	
Compras	
Finanças	
Contabilidade	
Provisão de capital	
Administração do fluxo de caixa	
Administração de créditos e cobranças	
Relacionamento com fontes de financiamento (bancos, investidores etc.)	
Obtenção e gestão de financiamento de curto prazo (capital de giro)	
Aplicações financeiras	
Administração	
Resolução de problemas	
Comunicação	
Planejamento	
Tomada de decisões	
Administração de projetos	
Negociação	
Administração de pessoal	
Sistemas de informações administrativas	
Tecnologia da informação e internet	

Marketing	Nota
Interpessoal/equipe	
Habilidade em fazer *coaching*	
Habilidade em conceder *feedback*	
Administração de conflitos	
Trabalho em equipe e administração de pessoas	
Legislação	
Tipos de empresas e suas constituições jurídicas	
Conhecimento da elaboração de contratos	
Conhecimento dos impostos e taxas inerentes ao negócio	
Critérios jurídicos para formalização de entrada de investidores no negócio	
Direitos de propriedade intelectual e patentes	
Leis imobiliárias	
Entendimento da lei de falência	

Habilidades únicas [por favor, listar]

Resuma os seus principais pontos fortes e fracos (habilidades administrativas e gerenciais).

Pontos fortes (notas 4 e 5):
Pontos fracos (notas 1 e 2):

O próximo passo é você solicitar a duas pessoas de sua confiança e que o conhecem muito bem (colegas de trabalho, professores, familiares, entre outras) para que façam uma avaliação isenta e sincera de suas competências empreendedoras e habilidades administrativas/gerenciais. Trata-se de um *feedback* construtivo. Você lhes deverá fornecer as duas tabelas anteriores com os itens de competências empreendedoras e habilidades administrativas para que elas façam a mesma avaliação sobre você que você mesmo fez; porém, agora, sob a perspectiva delas.

Além disso, solicite que sintetizem o que elas consideram seus principais pontos fortes e fracos, tanto no tocante a competências empreendedoras quanto a habilidades administrativas e de gestão.

Provavelmente, você notará tanto similaridades quanto diferenças nas três avaliações (as das duas pessoas e a sua própria). Isso será útil para que você tenha uma visão mais clara de como as pessoas o enxergam e de que, talvez, você não esteja capitalizando adequadamente em pontos que considera fortes e não tenha dado a devida atenção a seus pontos fracos.

Com isso, você estará municiado de informações e de valiosos dados para a próxima e última parte de desenvolvimento de seu PEP: transformando o sonho em objetivos e metas.

7.3 CRIANDO MÉTRICAS PARA TORNAR O SONHO POSSÍVEL

Na Parte C – *Transformando o sonho em objetivos e metas* –, você deverá utilizar os resultados das partes anteriores para traduzir em objetivos e metas concretos o sonho inicialmente concebido.

Inicialmente, você deverá avaliar (a partir dos resultados das Partes A e B) a situação atual e quais as suas possibilidades de desenvolvimento, ou seja, as possíveis estratégias empreendedoras que poderá empregar para concretizar o seu sonho. Algumas perguntas-chave sobre as quais vale a pena você refletir:

- Como as exigências do empreendedorismo — especialmente os sacrifícios, a imersão total, a pesada carga horária de trabalho e o compromisso de longo prazo — se adequam a seus desejos, valores e motivações?

- Que conflitos ou problemas críticos você antecipa entre seus desejos e valores e as demandas do empreendedorismo?

- Como você compararia suas competências empreendedoras, sua adequação às demandas da função de empreendedor e suas competências administrativas e de gestão com as de outras pessoas que você conhece e que buscaram ou estão buscando uma carreira empreendedora?

- Pense em 5 a 10 anos ou mais no futuro e pressuponha que você possa criar uma empresa de alto potencial. Que experiência e conhecimentos específicos você ainda precisa acumular?

- O que há de diferencial na oportunidade específica que você deseja buscar e que lhe oferecerá energia e motivação contínuas? Como você sabe disso?

- Quem são as pessoas com quem você precisa se envolver?

Após essa reflexão, é chegado o momento de estruturar o sonho em objetivos e metas. Os passos a seguir o ajudarão a delinear as suas estratégias. Você precisa definir os objetivos de maneira clara. Os objetivos geralmente são desdobrados em metas consideradas SMART: e **S**pecíficas, **M**ensuráveis, **A**tingíveis, **R**elevantes e com um prazo de **T**empo para ocorrer. Isso se aplica também aos objetivos pessoais. Não basta deixar uma descrição vaga, sem clareza.

Há ainda de se estabelecer prioridades, incluindo a identificação de conflitos e compensações e como eles podem ser resolvidos. Você precisa também especificar as ações que devem ser realizadas para que o seu objetivo seja alcançado. A métrica de resultado do objetivo é importante, pois indica como você saberá se chegou ou não ao objetivo, ou seja, você deve conseguir medir o resultado.

Ao definir um objetivo de longo prazo (maior que 5 anos, por exemplo), é prudente definir marcos intermediários (miniobjetivos decorrentes do objetivo maior) para saber se está caminhando em direção ao objetivo principal. Sempre haverá riscos e possíveis desvios de rota, mas eles fazem parte da jornada empreendedora. O importante é você se comprometer com os seus sonhos e com os objetivos que farão os sonhos se concretizarem.

Finalmente, recomenda-se que você periodicamente revise os objetivos e, eventualmente, mude as métricas. Lembre-se de que seus sonhos podem mudar. Se isso ocorrer, os objetivos também mudarão. Com o passar dos anos, você terá novos sonhos e objetivos, mas o exercício aqui proposto pode continuar a ser desenvolvido em qualquer fase da vida.

Passo 1: Liste, em 30 minutos, os objetivos a serem alcançados até você ter 70 anos.

Passo 2: Liste, em 30 minutos, os objetivos a serem alcançados nos próximos dez anos.

Passo 3: Liste, em 30 minutos, os objetivos que você gostaria de alcançar se tivesse exatamente um ano de vida a partir de hoje. Pressuponha que você terá uma boa saúde nesse período, mas não poderia adquirir um seguro de vida ou pegar emprestada uma grande quantia hoje para usar no próximo ano. Além disso, pressuponha que você poderá passar este último ano de vida fazendo o que quiser.

Passo 4: Liste, em 60 minutos, os seus objetivos reais e os que você gostaria de alcançar ao longo de toda a vida.

Passo 5: Discuta a lista, a partir do Passo 4, com outra pessoa de sua confiança e, em seguida, aperfeiçoe, mude, ratifique suas declarações de objetivos.

Passo 6: Classifique os objetivos listados no Passo 5 de acordo com a prioridade (os mais importantes primeiro), mesmo sabendo que alguns podem ser atingidos mais tarde.

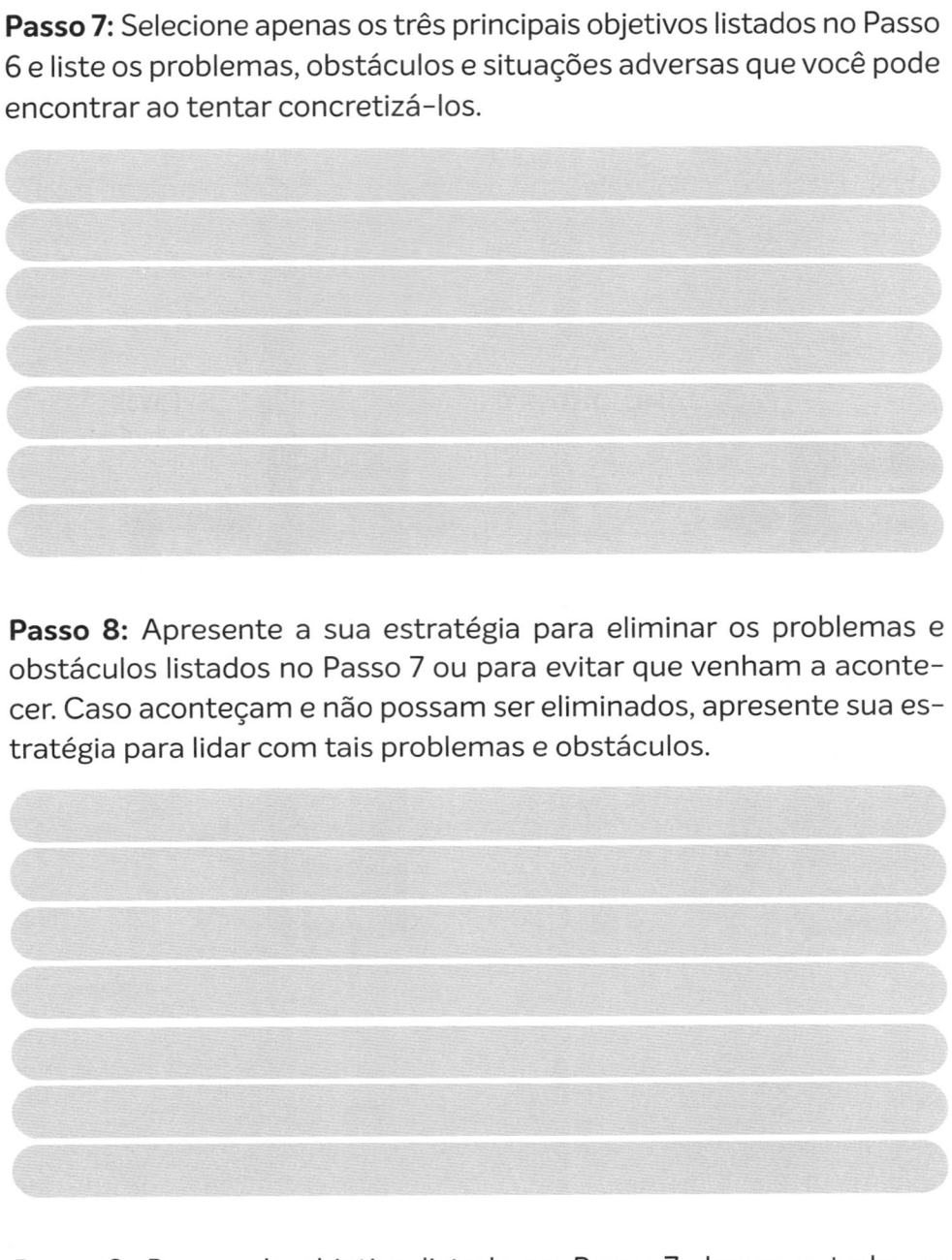

Passo 7: Selecione apenas os três principais objetivos listados no Passo 6 e liste os problemas, obstáculos e situações adversas que você pode encontrar ao tentar concretizá-los.

Passo 8: Apresente a sua estratégia para eliminar os problemas e obstáculos listados no Passo 7 ou para evitar que venham a acontecer. Caso aconteçam e não possam ser eliminados, apresente sua estratégia para lidar com tais problemas e obstáculos.

Passo 9: Para cada objetivo listado no Passo 7, descreva todas as ações, atividades e tarefas que você vai desenvolver e que o ajudarão a atingir tais objetivos. Apresente ainda as métricas que você vai utilizar para medir o seu progresso e saber se o resultado foi atingido.

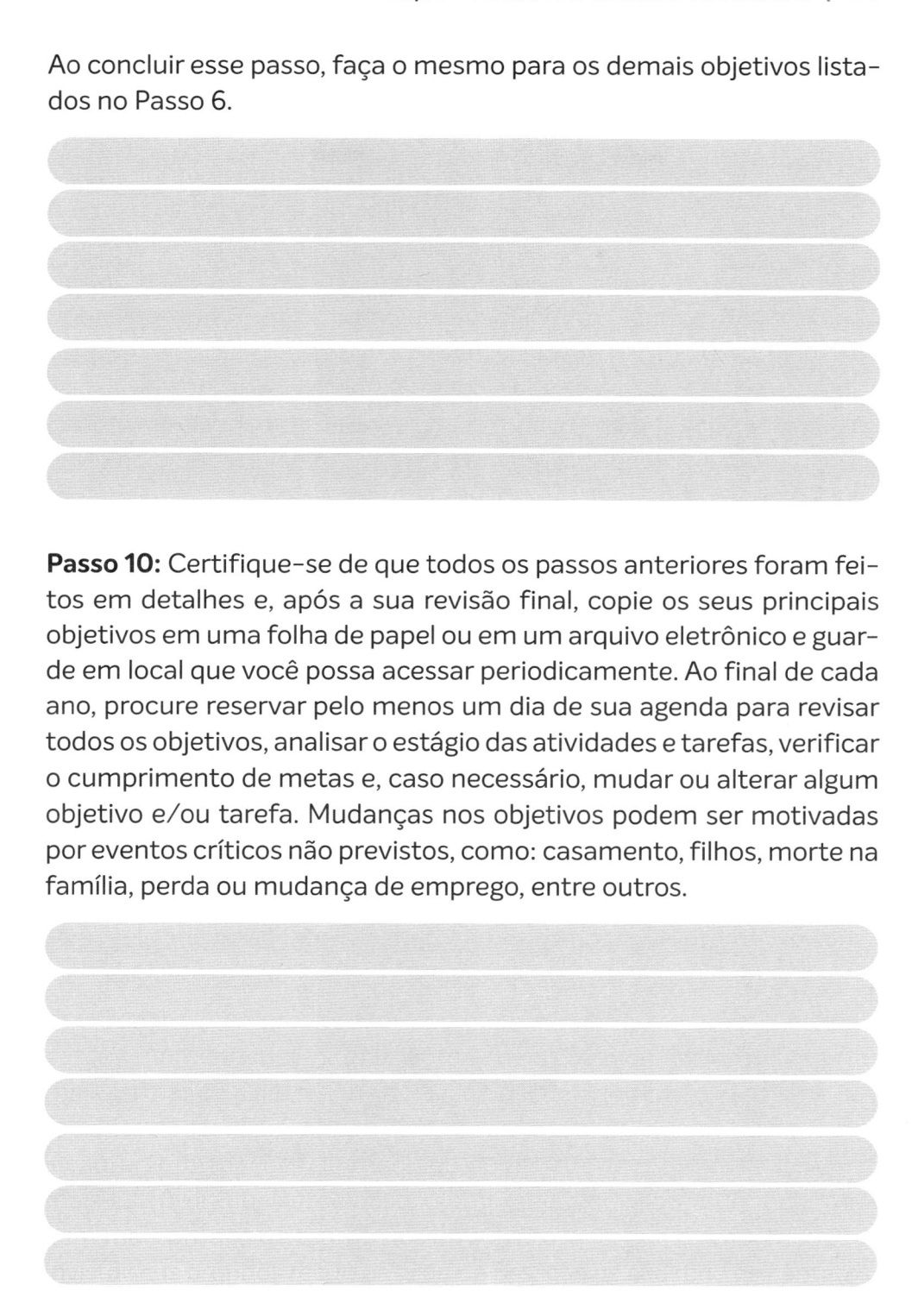

Ao concluir esse passo, faça o mesmo para os demais objetivos listados no Passo 6.

Passo 10: Certifique-se de que todos os passos anteriores foram feitos em detalhes e, após a sua revisão final, copie os seus principais objetivos em uma folha de papel ou em um arquivo eletrônico e guarde em local que você possa acessar periodicamente. Ao final de cada ano, procure reservar pelo menos um dia de sua agenda para revisar todos os objetivos, analisar o estágio das atividades e tarefas, verificar o cumprimento de metas e, caso necessário, mudar ou alterar algum objetivo e/ou tarefa. Mudanças nos objetivos podem ser motivadas por eventos críticos não previstos, como: casamento, filhos, morte na família, perda ou mudança de emprego, entre outros.

8
EMPREENDER TAMBÉM É PARA VOCÊ

Um paradoxo bastante conhecido e atribuído ao filósofo grego Sócrates aplica-se perfeitamente quando tentamos entender se nosso perfil se encaixa na descrição do empreendedor do negócio próprio de sucesso. Uma possível variação desse paradoxo pode ser descrita como: "Quanto mais adquirimos conhecimento, parece que mais distantes estamos de saber algo". A sensação que um indivíduo pode ter ao conhecer mais a respeito de si mesmo e entender o nível de suas habilidades empreendedoras pode levá-lo a imaginar estar à frente de um problema de difícil solução.

Muitos empreendedores tornam-se bem-sucedidos sem conhecer antecipadamente os problemas que enfrentariam. São os indivíduos que têm o "privilégio da ignorância" ou da falta de conhecimento e, assim, arriscam sem saber onde estão pisando. Quando se conhece em detalhes o ambiente e a si mesmo e, ainda, quando se tem uma clara visão dos cenários prováveis para o negócio, o indivíduo pode incorrer no erro do excesso de confiança. O fato é que conhecimento em quantidade nunca é demasiado, pois nunca saberemos tudo acerca de todos os assuntos. Sempre teremos de progredir. Por isso, todos podem, em tese, desenvolver habilidades ao longo da vida, aperfeiçoar as que já possuem e constituir um alicerce forte o suficiente para enfrentar as tormentas do empreendedorismo.

Empreender é para todos e também pode ser para você. O importante é definir uma estratégia adequada para buscar seus objetivos. Não basta sonhar, mas o sonho é o início do processo, pois permite o surgimento de ideias, que podem ser transformadas em oportunidades pelo ato de empreender.

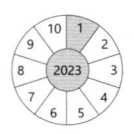